GÉNÉALOGIE

DE LA FAMILLE

FORGET DE BARST

EN LORRAINE

PAR

Ant. Dom. PIERRUGUES

MEMBRE

DE LA SOCIÉTÉ D'ARCHÉOLOGIE LORRAINE ET DU MUSÉE HISTORIQUE LORRAIN
DU COMITÉ DU MUSÉE DE FIESOLE, ETC.

SECONDE ÉDITION

revue, corrigée et augmentée

> Oh tempi, oh tempi avvolti
> In sonno eterno! . . . .
> . . . . a voi pensando,
> In mille vane amenità si perde
> La mente mia.
> LEOPARDI.

FLORENCE
IMPRIMERIE DE JOSEPH PELLAS
Via Jacopo da Diacceto, 10

1882

GÉNÉALOGIE

DE LA FAMILLE

FORGET DE BARST

GÉNÉALOGIE

DE LA FAMILLE

FORGET DE BARST

EN LORRAINE

<small>PAR</small>

Ant. Dom. PIERRUGUES

<small>MEMBRE</small>

<small>DE LA SOCIÉTÉ D'ARCHÉOLOGIE LORRAINE ET DU MUSÉE HISTORIQUE LORRAIN</small>

<small>DU COMITÉ DU MUSÉE DE FIESOLE, ETC.</small>

SECONDE ÉDITION

revue, corrigée et augmentée

<small>Oh tempi, oh tempi avvolti
In sonno eterno ! . . . .
. . . .
. . . . a voi pensando,
In mille vane amenità si perde
La mente mia.
LEOPARDI.</small>

<small>FLORENCE
IMPRIMERIE DE JOSEPH PELLAS
Via Jacopo da Diacceto, 10
—
1882.</small>

À MONSIEUR

HENRI LEPAGE

ARCHIVISTE DE MEURTHE-ET-MOSELLE

PRÉSIDENT

DE LA SOCIÉTÉ D'ARCHÉOLOGIE LORRAINE

HOMMAGE RESPECTUEUX

DE L'AUTEUR.

U moment de livrer à l'impression une seconde édition de la GÉNÉALOGIE DE LA FAMILLE FORGET DE BARST, je tiens à exprimer toute ma reconnaissance aux personnes qui ont bien voulu faciliter ma tâche en m'aidant à réunir les éléments de cette notice.

Je remercie spécialement M. M. le docteur REGNIER, de Vaudreching; H. LEPAGE, le savant Archiviste de Meurthe-et-Moselle; BALLON, Bibliothécaire en chef de la Ville de Nancy; le vénérable Abbé MAJERUS, Curé de Gross-Hemmerstroff; le Capitaine J. PIGNOT, de Reimeling, et P. J. HOLTZAPFFEL Avocat, du dévoué et intelligent concours qu'ils ont eu l'obligeance de me prêter.

Leurs noms, placés en tête de mon œuvre, seront pour elle une garantie de l'authenticité des sources auxquelles j'ai puisé.

Florence (Italie), Mars 1882.

Ant. Dom. PIERRUGUES.

FORGET DE BARST

EN LORRAINE

SEIGNEURS DE BARST ET DE LESSE, DU FIEF DE SIERSBERG,
DE KERPERICH-HEMMERSTROFF ET D'ITZBACH,
DE FURST, BIREN, FOLSCHWILLER, LELING, ALZING,
DU COMTÉ DE GROSS-HEMMERSTROFF, [1])

ETC., ETC.

Armes des FORGET DE BARST: *d'azur coupé de gueules à une colombe essorante d'argent, accompagnée de trois étoiles d'or, deux en chef et une en pointe; et pour cimier la colombe de l'écu tenant en son bec un rameau de laurier de sinople, issant d'un tortil d'or, d'argent, d'azur et de gueules et porté d'un armet morné, couvert d'un lambrequin aux métaux et couleurs de l'écu.*

Armes des FORGET DE BARST DE BOUILLON; *écartelé au 1er et au 4me de FORGET DE BARST, au 2me et au 3me DE BOUILLON, qui est d'or à la branche de rosier au naturel, chargée de trois roses de même.*

---

¹) Ces fiefs sont situés dans la Lorraine allemande, les uns aux environs de Saint-Avold, les autres près de Bouzonville.

A famille FORGET DE BARST est originaire de Lorraine ; sa filiation s'établit
avec certitude à partir de deux frères:

JEAN, qui suit, et

JACQUES FORGET, seigneur de Sohier,
commissaire-général des armées lor-
raines, capitaine-prévôt de Siersberg de 1656 à 1659, mort
avant 1678. [1]) Il épousa MARIE PIERRET, veuve de Jacques de Gronders, dont il eut:

> MARIE-ÉLISABETH FORGET, mariée à JEAN-FRANÇOIS DE GRONDERS, nommé,
> sur la démission de son beau père en sa faveur, capitaine-prévôt de
> Siersberg (23 décembre 1662–63), fils de Pierre Gronders, colonel d'in-
> fanterie pour le duc Charles IV, anobli par ce prince le 28 août 1632 [2]).

I. JEAN FORGET, docteur en médecine, conseiller d'Etat
et premier médecin de Charles IV, duc de Lorraine, naquit vers 1600 à Essey, près de Nancy.

---

[1]) La qualité de commissaire général des troupes lorraines est donnée à Jacques Forget dans les notes de M. le doct. Regnier sur les prévôts de Siersberg
et dans les papiers de la famille Forget de Barst.

[2]) GRONDERS porte d'azur au tertre de sinople, surmonté d'un tronc d'argent,
cotoyé de quatre étoiles d'or (Dom Pelletier: *Nob. de Lorraine*).

Il fit ses études de médecine et d'histoire naturelle à Paris, puis revint en Lorraine, où il mérita la confiance de Charles IV. Satisfait de ses services et de l'étendue de ses connaissances, ce prince l'anoblit par lettres patentes données à Lunéville, le 24 août 1630, et vérifiées le 6 septembre 1632. [1] « Ayant pris en considération, dit le duc, l'entière rectitude, honnesteté, probité de vie et autres vertus insignes qui reluisent en la personne de nostre cher et bien amé Jean Forget, natif de nos pays, docteur en médecine, comme aussi son érudition et doctrine complecte, dont il s'est rendu très recommandable, et notamment la très grande affection qu'il a à nostre service. »

En même temps, le souverain lui donnait des armoiries, dont le cimier, représentant une colombe tenant dans son bec un rameau, était probablement destiné à rappeler les services que Forget lui avait rendus comme envoyé auprès de Louis XIII et de Richelieu, lors de ses premières difficultés avec la cour de France.

Lorsqu'au commencement de l'année 1634, Charles IV, poursuivi par l'armée française qui avait envahi ses Etats, fut obligé de quitter la Lorraine, il emmena avec lui Jean Forget, qu'il attacha à sa personne. Depuis lors, le duc et son médecin ne se quittèrent plus pendant dix ans. Forget partagea avec Charles IV la bonne et la mauvaise fortune; il assista à ses campagnes en Alsace, en Franche-Comté, en Allemagne et aux Pays-Bas, à ses victoires de Nordlingen et de Poligny, à sa belle retraite de Thann; il souffrit avec lui de la grande famine de 1639, qui décima l'armée et l'état-major du prince lorrain. Mêlé aussi à des événements d'un ordre plus intime, For-

---

[1] *Trésor des Chartes de Lorraine* f. 128, reg. 1630; *Archives de la Meurthe* B. 106.

Le Duchat de Mancourt [1]), née à Metz le 17 février 1768, morte à Gorze.

Il ne laissa pas de postérité; la ligne cadette de la famille Forget de Barst s'est éteinte avec lui.

---

[1]) Le Duchat. Maison d'ancienne chevalerie lorraine, qui a pour armoiries: d'argent à cinq fusées en fasce de gueules. Comtes de Rurange, seigneurs de Mancourt et d'Aubigny.

APPENDICE

comprenant l'énumération de différentes personnes portant le nom de Forget, se rattachant peut-être à la famille de Barst, mais qu'il n'a pas été possible de classer autrement.

JEAN FORGET, abbé commendataire de Saint-Léon, chantre et chanoine de Toul. (Testament du 30 sept. 1549, déposé aux *Archives de Meurthe-et-Moselle* à Nancy).

JEAN FORGET (sans qualification) parrain le 26 mars 1615. (*Registres de la paroisse d'Essey-lès-Nancy*).

TOUSSAINE FORGET, fille de Jean Forget et de Françoise, sa femme, née et baptisée le 4 août 1599; parrain, Tasin Charles; marraine, Toussaine Lalouette. (*Registres de la paroisse de Saint-Sébastien de Nancy*).

BARBE FORGET, mariée à Nicolas Antoine, fils de Nicolas Antoine, trilleur des Salines de Château-Salins, anobli le 15 janv. 1549, sans finance. (Dom Pelletier : *Nob. de Lorraine* art. Antoine). Marraine en 1619, 1620, 1621, 1623, 1624, 1625, 1627. (*Reg. de la paroisse d'Essey-lès-Nancy*).

PIERRE FORGET, échevin en la Justice de Rozières-aux-Salines, marié à dame Dieudonnée (Acte de 1618, aux *Archives de Meurthe-et-Moselle* à Nancy).

ELOY FORGET, receveur, pour S. A. des mines de Vaudrevange (Comptes des années 1648 et 49, aux *Archives de Meurthe-et-Moselle*).

ELOY FORGET, admodiateur (fermier) à Essey, parrain le .... février 1612 ; le 25 sept. 1613. (*Reg. de la paroisse d'Essey-lès-Nancy*).

ELOY FORGET, receveur à Essey, témoin au mariage de Jean de Haplemont, le 23 sept. 1632 ; témoin d'un mariage le 3 et le 6 janvier 1633 ; parrain le 23 fèv. 1632. « La confrairie de Saint-Sébastien pour l'an 1633 a esté escheute à Monsieur Forget à sept livres de cire. » (*Reg. de la paroisse d'Essey*).

FRANÇOISE FORGET, fille d'Eloy Forget et Elizabeth Fourier, baptisée le 22 août 1619, parrain Demange Florentin, marraine: Françoise ..... (*Reg. de la paroisse d'Essey*).

LUCYE FORGET, (Dame) marraine le 8 sept. 1614. Damoiselle Lucie Fourier, femme au Sieur Eloy Forget, receveur en la seigneurie d'Essey, marraine le 25 oct. 1637 et le 22 nov. 1643. (*Reg. de la paroisse d'Essey*).

GEORGE FORGET fils d'Eloy Forget et de dame Lucie Fourier sa femme fut baptisé le 7 aoust 1612 ; parrain: messire George Dezbautz, curé d'Essey, et Bonne d'Arboys, femme à Nicolas Dechepierre de Nancy, marraine. Figure plusieurs fois comme parrain en 1628, 1629, 1630, 1634 et 1635 (*Reg. de la paroisse d'Essey*).

ERRIC FORGET fils de monsieur Forget et de Lucie Fourier sa femme, le 8 apvril 1617 ; monseigneur le duc Erric de Lorraine et mademoiselle femme de Monsieur Rouyer maistre des requêtes, ses parrain et marraine. Parrain le 16 sept. 1635. (*Reg. de la paroisse d'Essey*).

CHRESTIENNE FORGET, fille du sieur Eloy Forget et de Lucie
sa femme, baptisée le 16 oct. 1627 ; parrain le Sieur Jean
Fourier, la marraine madame Chrestienne de Marcossey,
femme à mons. Elizée de Haracourt (Haraucourt) gouverneur de Nancy.

Le 19ᵐᵉ janvier 1633. Chrestienne, fille à Monsieur
Forget, mourut environ l'heure de sept du soir. (*Reg.
de la paroisse d'Essey*).

JACQUES FORGET, fils du Sieur Eloy Forget, admodiateur, et
de dame Lucie, sa femme, baptizé le 4ᵐᵉ febvrier 1615 ;
le sieur Jacques Bonnard parrain et damoiselle Anne
Bouillon, femme à monsieur le clerc d'office, marraine,
de Nancy. (*Reg. de la paroisse d'Essey*).

ANNE FORGET fille de monsieur Forget et Lucye sa femme,
baptizée le 31 maye 1620 ; le parrain noble Paule Gueu-
rard, la marraine madamoiselle Mougeon Henry. (*Reg.
de la paroisse d'Essey*).

HENRY FORGET, fils de Eloy Forget et de Lucie, sa femme,
a esté baptizé le vingtcinquiesme septembre 1623; le parrain : monsieur Jean Simonin, docteur en Théologie et
curé de S.ᵗ Epvre de Nancy; la marraine: madame Anne
de Joyeuse, espouse d'honoré seigneur monsieur Henry
de Haraucourt d'Acraigne. (*Reg. de la paroisse d'Essey*).
Il épousa Elisabeth Sellier, veuve de M. de Saint-
Amant, capitaine de cavalerie pour S. A.

JACQUES FORGET, fils de Jean Forget et de Marie Cueullet,
marié le 28 février 1668 à Marguerite Bagard, fille de
Jean Bagard et de Jeanne Henry. *Registres de la
paroisse de Notre-dame de Nancy*).

JEAN FORGET, fils de Jean Forget et de Marie Cueullet,
marié le 3 juin 1670 à Barbe Charles, fille de Jean
Charles et d'Elisabeth Mathieu. (*Registres de la paroisse de Notre-Dame de Nancy*).

Jacques-Joseph Forget, marchand droguiste de Nancy, parrain le 28 féb. 1672. (*Reg. de la paroisse d'Essey*).

Jeanne-Gabrielle Forget, fille de Jacques Forget, ci-devant garde du souverain conseil, et de Marguerite Bagard, baptisée le 25 février 1683. (*Registres de la paroisse Saint-Sébastien de Nancy*).

Anne Forget, mariée vers 1690 à Francois-Joseph Regnault de Châtillon, seigneur de Vigneulles. (De Bonneval : *Nobiliaire* Mss).

Jean de Forget, écuyer, seigneur d'Ourches, marié à Isabelle Poiresson, fille de Christophe Poiresson, seigneur de Provenchères et d'Yolande Le Roi. (La Chesnaye-des-Bois et Badier, art. *Poiresson*).

Jean Forget, procureur-général et commissaire en 1542. (*Inventaire de Dufourny; verb. Forget;* T. X, p. 57).

Jean Forget, écuyer, seigneur d'Ourches, demeurant à Vaucouleurs nomme pour son procureur général Jacques de Vaubecourt son beau-fils, en 1562 (*id.* T. VI, p. 726).

Jean Forget (feu); sa femme Isabeau de Poiresson; ses héritiers Claude et Théodore Forget, 1589 (*id.* T. VII, p. 664).

Il paraît résulter des recherches entreprises à Essey-lès-Nancy, sous la haute direction de Mr Lepage, que Jean Forget, l'anobli, naquit au commencement du XVII siècle d'Eloy Forget, admodiateur et receveur de la seigneurie d'Essey et de Lucie Fourier, sa femme.

Nous voyons en effet ces deux personnages figurer au mariage de Jean Forget au même titre, semble-t-il, que

get fut, le 2 avril 1637, l'un des témoins du mariage se-
cret du duc Charles avec Béatrix de Cusance, princesse
de Cantecroix, et le 23 août 1639, assista à la naissance
d'Anne de Lorraine, leur fille, devenue plus tard princesse de Lillebonne. En 1644, Charles IV, sur la prière
de Forget lui-même, lui donna son congé dans une lettre
où il rendit témoignage à sa capacité, à son zèle et à
sa fidélité, disant qu' il ne le quittait qu' à regrêt et uni-
quement parce que la santé de son médecin ne lui per-
mettait pas de continuer son service.

Forget mourut entre les années 1650 et 1659 [1]), dans un
âge peu avancé.

Outre l' anoblissement, Charles IV donna plusieurs fois
à son fidèle médecin des marques de sa satisfaction et des
preuves de sa munificence. Par mandement en date du
22 juin 1641, il lui accorde la somme de 5,000 livres sur
le sceau du tabellionage de Nancy. [2])

Le 1er février 1647, il lui envoie de Luxembourg des
lettres de donation d'une somme de 15,000 livres, renou-
velant celles expédiées à Viviers, le 3 juillet 1641, et que
la Chambre des Comptes avait refusé d'enregistrer. [3])
Enfin, le 10 juillet 1650, Charles IV étant à Bruxelles fait
donation à Forget et à sa femme d'une pension viagère
de 300 florins de Brabant: « Estant bien satisfaict, dit-il,
des bons et agréables services que nous rend, proche nostre personne, nostre cher et bien aimé subject le S.r Jean

---

[1]) Le contrat de mariage de son fils, daté du 7 janvier 1659, indique qu'à cette
époque Jean Forget était décédé.

[2]) Deux quittances, portant la signature de J. Forget, accompagnent ce mandement (Archives de la Meurthe, B. 7461).

[3]) Cette donation n'était pour partie qu'une restitution, car Forget avait fait
accepter au duc, pendant la guerre, une somme de 10,000 livres, destinée à l'en-
tretien et à la solde de l'armée.

Forget, nostre conseiller et premier médecin des nostres, dans les emplois où nous jugeons agréables de nous servir de luy, et des soings et sollicitudes qu'il continue de prendre, depuis nostre sortie de nos Estats, à la conservation et au réstablissement de nostre santé; de mesme que de ceux que damoiselle Claude Jeannot, son espouse, a rendu à nostre Maison, etc. »

Forget avait composé, pendant son séjour à Paris, plusieurs traités d'histoire naturelle sur les caractères extérieurs des plantes, des métaux et des animaux. Le premier seul « *Artis signatae designata fallacia, sive de vanitate signaturarum plantarum* » a été imprimé. [1] C'est une solide réfutation du système original d'un naturaliste napolitain, J. B. Porta, qui, dans son livre des « *Physionomies* », prétend que le caractère extérieur des plantes suffit pour faire connaître leurs vertus au premier aspect, et que ces vertus sont déterminées, soit par le lieu de leur naissance, soit par la ressemblance des plantes avec certaines parties du corps de l'homme, ou des animaux, ou même avec les astres, car Porta était infatué de l'astrologie judiciaire. « Les réponses de Forget, dit Dom Calmet, sont nettes et précises; il a le jugement solide, beaucoup de modération pour un critique, une vaste lecture et un style beaucoup plus pur en latin qu'en français. » Cet ouvrage ne fut publié que longtemps après sa composition, en 1633. Forget le dédia au prince Nicolas-François de Lorraine, évêque-comte de Toul, cardinal, prince du Saint-Empire, avec lequel il avait eu

---

[1] *Nancii, apud Anthonium Charlot, typographum, Via Sancti Nicolai,* 1633. 1 vol. in 8°. Il existe un exemplaire de cet ouvrage à la bibliothèque de la ville de Nancy.

l' honneur d' étudier autrefois, et dont il loue la science et la vertu. En tête du livre, il plaça la lettre où Christophe Barot, médecin de ce prince, l' engageait à donner son traité au public. On possède encore de Jean Forget les « *Mémoires des guerres de Charles IV, duc de Lorraine* » comprenant les années 1634 à 1640, et rédigés après la reddition d' Arras, vers la fin de l'année 1640. — Chifflet parle en ces termes de cet ouvrage et de son auteur: « Bellica Caroli IV facinora a manu sua annotata servat V. C. Johan Forgetus, medicinae doctor expertissimus, qui, ut in tuenda Principis sui valetudine ubique prælio adesset, ab ipsius comitatu nunquam discessit. » [1]) Dom Calmet ajoute: « Les mémoires de Forget n' ont pas la politesse du style que l' on pourroit souhaiter, mais ils sont exacts et sincères. » [2])

Les Mémoires des guerres de Charles IV n'ont pas été imprimés [3]); les auteurs qui ont écrit sur cette époque de l'histoire de Lorraine en ont consulté avec fruit le manuscrit [4]).

Jean Forget épousa, le 10 sept. 1630, CLAUDE JEANNOT [5]),

[1]) *Commentarius Lothariensis*, pag. 88.
[2]) *Bibliothèque Lorraine*, col. 375, art. Forget.
[3]) Le manuscrit original est déposé au Ministère des Affaires étrangères, à Paris; il en existe plusieurs copies: l'une à la bibliothèque de la ville de Nancy (n° 128), une autre, qui est celle de Dom Hugo, abbé d' Etival, fait partie de la bibliothèque du Musée lorrain à Nancy; enfin, Dom Calmet dit en posséder une prise sur la précédente et en connaître un autre exemplaire, alors entre les mains de M. Abram, conseiller à la Cour de Nancy.
[4]) Dom Calmet *Hist. de Lorraine*, t. III, col. 240, 283, 398; comte d' Haussonville: *Histoire de la réunion de la Lorraine à la France*, t. II *passim*. Voir encore: Dom Pelletier, *Nobiliaire de la Lorraine*; Michaud, Hœfer, Michel: *Biographies*, et le: *Recueil autographié des lettres du B. Pierre Fourier* (Lettres 87, 1410, 1431, adressées par lui à Jean Forget, son cousin).
[5]) JEANNOT. Famille barisienne anoblie en la personne de Jean Jeannot, natif du duché de Bar, conseiller-secrétaire de S. A. et commis par elle aux Aydes générales. (Lettres patentes du 24 oct. 1628, vérifiées le 12 déc. suivant). Armes: Ecartelé en sautoir: au 1er de gueules à trois bandes d'or; au 2e d'or au lion d'azur; au 3me d'azur au lion contourné d'or; au 4me de gueules à trois barres d'or; pour cimier: un lion naissant d' or (f. 166. reg. 1628) Dom Pelletier: *Nob. de Lorraine*.

fille de Jean Jeannot, conseiller d'Etat, et de Marguerite Gaspard [1]); de ce mariage naquirent;

1° CHARLES FORGET, nommé prévôt, gruyer et receveur de la baronnie de Viviers par brevet de François de Lorraine, prince de Lillebonne, baron de Viviers etc., daté de Nancy, le 29 mai 1664; démissionaire en 1665 en faveur de son frère cadet;

2° CHRESTIEN-FRANÇOIS qui suit

3° MATHIEU FORGET, baptisé, le 13 août 1634, à la paroisse de Saint-Epvre de Nancy (parrain, vénérable et discrelte personne M. Mathieu de la Réaulté, escholâtre de l'église primatiale de Nancy; marraine, damoiselle Barbe Falpin, femme du Sieur Dandelot, advocat èz sièges de Nancy).

II. CHRESTIEN-FRANÇOIS FORGET, baptisé à la paroisse de Saint-Epvre de Nancy, le 28 février 1633 (parrain, honoré seigneur François d'Einville, chambellan de S. A.; marraine, honorée dame Chrestienne de Marcossey, femme à Mr de Haraucourt, jadis gouverneur de Nancy); procureur fiscal, puis prévôt, gruyer et receveur de la baronnie de Viviers, pour le prince de Lillebonne, en remplacement de son frère Charles, par brevet du 22 septembre 1665; mort vers 1707. Il épousa:

1°, par contrat passé à Siersberg, le 7 janvier 1659,

---

[1]) Le 10me septembre 1630, noble Jean Forget, docteur en médecine, et damoiselle Claude Jeannot espousèrent, présents le Sr Forget admodiateur et receveur de la seigneurie d'Essey, damoiselle Lucie Fourier sa femme, le Sr Jean Jeannot, père de la dite espouse, Mr Vincent gendre dudit Sr Jeannot, Mr de la Forge seigneur en partie dudit Essey, vénérable et discrète personne messire François le Loup, chanoine de l'insigne Eglise primatiale de Nancy, le Sieur Simonin, curé de St Epvre de Nancy et grand nombre d'autres personnes. (*Reg. de la paroisse d'Essey-lès-Nancy*).

Accord entre Jean Forget, conseiller-médecin de S. A., au nom de Claude Jeannot, sa femme et leur beau-frère, Edmond Vincent, conseiller d'État de Charles IV et conseiller du roi (?) en la Cour souveraine de Lorraine et Barrois, au nom de Marthe Jeannot, sa femme, et de François Vincent, avocat, leur fils. Epinal, 23 mai 1641. Ce François Vincent fut, plus tard, procureur général de Lorraine.

Damoiselle Claude Jeannot, femme à noble Jean Forget, docteur médecin à Son Altesse Charle, marraine le 29 avril 1635 avec honoré seigneur Charle de Haraucourt seigneur d'Essey, parrain. (*Reg. de la paroisse d'Essey-lès-Nancy*).

Stab. G. Pellas.

Ruines du Chateau de Siersberg

ANNE DE BOCKENHEIM, [1] fille de feu Remacle de Bockenheim, écuyer, seigneur en partie de Kerperich-Hemmerstroff et d'Itzbach, du fief de Siersberg, de la mairie
de Biren, des fiefs de Valmunster et de Velving, gouverneur de Vaudrevange et capitaine prévôt de Siersberg,
et de Jacqueline de Malclerc;

2°, en 1692, BARBE VOIRIN, sa cousine, veuve de Charles
de Bouillon. [2]

Anne de Bockenheim apporta en mariage à son époux
ses droits sur le quart de la seigneurie de Kerperich-
Hemmerstroff et d'Itzbach, avec une résidence au château de Siersberg. [3] Mais la guerre de Trente Ans, durant

---

[1] BOCKENHEIM. Jean Bockenheim ou Bockenheimer, originaire de la Lorraine
allemande, policier des mines et receveur à Vaudrevange, fut anobli sans finance,
par lettres données à Nancy, le 6 novembre 1579. Armes: d'argent à deux che-
vrons d'azur, accompagnés de trois quintefeuilles de gueules pointés d'or 2, 1.
Pour cimier: un lion tenant un quintefeuille de gueules (f° 204 reg. 1579) Dom
Pelletier: *Nob. de Lorraine.*

[2] *Archives de la Meurthe*, E. 146.

[3] Le château de Siersberg, situé sur une montagne au confluent de la Nied
et de la Sarre était une ancienne forteresse féodale, qui renfermait autrefois dans
son enceinte plusieurs maisons castrales données en fief par les ducs de Lorraine
à des familles nobles, dont on peut suivre la filiation jusqu'au milieu du XVIIme siècle. A ces fiefs étaient joints certains revenus sur les villages situés aux environs
du Siersberg, par exemples les deux Hemmerstroff, Reling, Itzbach, Biren, Siers-
troff, etc. C'est ainsi qu'en 1293, Ferry III, duc de Lorraine, donna à Weichard
de Brucken, chevalier du Temple, une de ces maisons fiefs de Siersberg avec des
droits féodaux à « Hymmersdorf ». Plus tard on trouve à Siersberg les de Bechlen,
les barons de Zandt etc. — Le 27 juillet 1570, Jean de Bockenheim, receveur, pour
le duc de Lorraine, des mines de Vaudrevange, acheta du comte de Sayn sa résidence de Siersberg, avec le quart de la seigneurie de Kerprich-Hemmerstroff et
d'Iztbach, qui allaient être saisis faute d'hommage. Reprises furent faites pour
ces biens, le 16 décembre 1634, par Landwin de Bockenheim, fils du précédent,
capitaine prévôt de Siersberg, et, le 19 février 1628, par Marie d'Huart, veuve
de Landwin. De leur mariage était né Remacle, père d'Anne de Bockenheim.

À cette époque, la Lorraine était éprouvée par une guerre désastreuse. On sait
que le duché avait été envahi au commencement du règne malheureux de Charles IV,
par les armées victorieuses de Louis XIII. Le château de Siersberg ne devait pas
échapper à la ruine de la patrie lorraine : en 1651 il fut assiégé par le maréchal
de la Ferté, ses murailles et ses tours furent battues en brèche, la forteresse fut
prise et démantelée. Le temps a achevé l'œuvre de l'artillerie ; une tour en ruine

laquelle la Lorraine eut à souffrir autant des dévastations de l'ennemi que de la peste qui en fut la suite, ne permit pas à Chrestien-François Forget de jouir de ses droits sur le domaine de Kerperich-Hemmerstroff et d'Itzbach; ces biens abandonnés furent réunis au domaine de la couronne (1664-1711. [1])

Chrestien-François Forget eut de son premier mariage:

1° FRANÇOIS-NICOLAS, qui suit;

2° JACOBÉE FORGET, mariée à JEAN-HENRY DUMONT, avocat à la Cour, procureur de S. A. au bailliage de Nomeny, dont elle eut quatre enfants: François, Henry, Odile et Françoise.

III. FRANÇOIS-NICOLAS FORGET DE BARST, né et baptisé à Lucy (près Delme), le 11 août 1662 (parrain, François Ronsin, curé de Lesse; marraine, Françoise de Magny, dame de Lesse); écuyer, seigneur de Barst et de Lesse par son mariage; nommé à la charge de capitaine-prévôt, gruyer, receveur et chef de police de la baronnie de Viviers, vacante par la mort de son père, par brevet du 25 septembre 1707, signé, à Paris, par Anne de Lorraine,

---

et quelques pans de murs témoignent seuls aujourd'hui de l'existence du vieux château féodal.

Tandis que les armées françaises et suédoises s'emparaient des dernières forteresses du duc de Lorraine, la peste décimait ses vassaux; au milieu de la désolation générale, la noblesse du pays abandonna ses terres pour fuir l'invasion et la maladie. C'est alors que, Jacqueline, veuve de Remacle de Bockenheim, qui avait probablement abandonné la contrée, ayant négligé de faire, pour les fiefs qu'avait possédés son mari, les reprises exigées par la coutume, ces biens furent réunis au domaine de la Couronne (1665). — Quarante quatre ans après les Forget, héritiers des Bockenheim commencèrent, contre le domaine le procès qui devait aboutir à la restitution des propriétés confisquées.

[1]) Ce ne fut quatre-vingts ans après que le pays commença à se repeupler et à reconstruire les villages détruits. Les anciens seigneurs étaient morts, leurs héritiers absents ou impuissants à rebatir leurs châteaux; on vit alors les ducs de Lorraine faire le retrait féodal, c'est-à-dire réunir à leur domaine bon nombre de ces seigneuries. Tel fut en particulier le sort des biens délaissés par les Bockenheim, famille jadis puissante et riche, qui remplissait des fonctions administratives et judiciaires à Vaudrevange et à Siersberg.

princésse de Lillebonne et de Commercy, baronne de Viviers.

Il mourut le 26 juin 1742 et fut enterré dans l'église de Tincry, où son tombeau existe encore.

Il épousa, par contrat signé à Delme, le 2 février 1682, ANNE-CATHERINE DE BUSSELOT, [1]) née au château de Barst, fille de Claude-Louis de Busselot écuyer, seigneur du Dordhal et de Barst, et de Charlotte de Magnien, dame de Lesse, de Frémeny et du fief de Rennel [2]) à Delme; morte le 13 juin 1744 et enterrée dans l'église de Kerperich-Hemmerstroff.

Catherine de Busselot apporta en dot le quart de la seigneurie de Barst à son mari, qui en prit le nom et le transmit à ses descendants. [3]) Par son testament, du 3 janvier 1706, Mme de Busselot donne encore à sa fille et à son gendre ses fiefs de Lesse, Chamois et Frémeny et ses biens de Château-Salins.

---

[1]) BUSSELOT. Jacques et Jean Busselot, avocats à la Cour des Grands-Jours de Saint-Mihiel, furent anoblis par lettres expédiées à Nancy le 15 février 1578. Armes: d'azur à la voile d'argent périe en pal, l'écu semé d'étoiles d'or; pour cimier une encre d'argent batonnée et cordée d'or. (f° 63, reg. 1579) Dom Pelletier: *Nob. de Lorraine.*

[2]) Elle le possedait comme petite-fille et héritière de Louise de Rennel, femme de Nicolas de Tardvenu ou Tervenus, issue de l'ancienne maison de Rennel (V. ce nom, La Chesnaye des Bois et Badier).

[3]) Le fief de Barst fut dévolu à Jean-Henry Forget, fils des précédents, qui le céda à ses frères et sœurs. Son frère cadet, Charles-Gaspard, se dit seigneur de Barst et le descendant de l'une de ses sœurs: Évrard de Vaulx est qualifié de même dans les procès-verbaux des élections aux États-généraux de 1789.

Le château de Barst, situé sur la route de Saint-Avold à Puttelange, existe encore de nos jours, mais n'appartient plus, depuis la révolution, à la descendance de Catherine de Busselot.

La seigneurie de Lesse est entrée dans la famille par Isabeau de Bettanges, dame de Lesse, qui épousa Claude Tardvenu, seigneur de Saulxerotte, et eut pour arrière-petite-fille Louise Tardvenu, dame de Lesse, mariée en 1665, à Nicolas Magnien, seigneur d'Hériménil, gouverneur de Château-Salins. (Madame de Busselot est leur fille. Ce fief échut aux de Valmont.

Du mariage de François-Nicolas Forget de Barst avec Catherine de Busselot sont nés:

1° CHARLOTTE FORGET DE BARST, mariée à GASPALD DE GILLOT, seigneur de Furst, dont elle eut:

1° Antoine de Gillot;

2° Charlotte-Françoise de Gillot;

3° Anne-Catherine de Gillot, qui fut mariée à Antoine de Bock et ensuite à Jacques Grison, avocat au Parlement, anobli par le duc Léopold, le 8 février 1726.

2° ANNE FORGET DE BARST, née le 26 août 1684; mariée, en 1711, à JEAN-PHILIPPE DE CAILLOUX, écuyer, seigneur de Valmont et de Lesse, dont elle eut:

1° Jean-Louis de Cailloux, seigneur de Valmont (M* de Valmont), capitaine au régiment de Nassau, chevalier de Saint Louis; 2° Françoise de Cailloux, mariée à Louis de Vaulx; 3° Jeanne de Cailloux mariée à Pierre-François de Vaulx-d'Achy, seigneur de Janan à Hambach; 4° Philippe-Charles-Gaspard, chevalier de Cailloux, marié à M. d'Elvin, à Morhange.

3° JEAN-HENRY, qui suit;

4° AUBERT FORGET DE BARST, lieutenant au régiment du prince François-Etienne de Lorraine pour le service de l'Empereur, nommé, par brevet du 17 août 1725 [1] « capitaine à la suite des troupes du duc, en recompense de sa belle conduite durant les dernières guerres », mort, quelques années plus tard, capitaine au régiment de Berg au service de l'Empire; sans postérité.

5° CHARLES-GASPARD, auteur de la *Ligne cadette* qui suit la *Ligne aînée.*

LIGNE AÎNÉE.

IV. JEAN-HENRY FORGET DE BARST DE BOUILLON (fils de François-Nicolas Forget de Barst et de Catherine de Busselot) né au château de Barst le 17 février 1689 (parrain, Jean-Henry Dumont, avocat à la Cour, oncle paternel; marraine, Anne-Rosine L'Allemand, épouse

---

[1] *Archives de la Meurthe*, B. 166 f° 13. V. aux pièces justificatives.

FORGET DE BARST DE BOUILLON.

de Joseph-Louis de Busselot, seigneur de Lesse, tante maternelle); écuyer, seigneur de Kerperich-Hemmerstroff et
d'Itzbach, du fief de Siersberg, de Furst, Biren, Folschwiller,
Leling, Alzing etc; avocat à la Cour souveraine de Lorraine et Barrois. Il fut nommé, le 30 août 1725, capitaine-
prévôt, gruyer et chef de police de la prévôté de Siersberg (bailliage d'Allemagne) et grand bailli de Merzig
et Sargau.[1]) Lorsqu'en 1750, le bailliage d'Allemagne fut
supprimé et que la prévôté de Siersberg fut rattachée au
bailliage de Bouzonville, Henry de Barst fut nommé conseiller du Roi, lieutenant général civil et criminel de ce
bailliage, par brevet du 29 octobre 1751.[2]) Il démissionna
le 27 mai 1753 en faveur de son fils cadet, qui fut nommé
à sa place. Il occupa aussi les fonctions de subdélégué de
l'Intendant de Lorraine pour les bailliages de Mertzig et
Sargau et de Bouzonville.

Le duc de Lorraine François III le chargea d'une mis-
sion diplomatique pour la cour de Trèves (passeport du
16 juin 1730).

Par acte du 15 juillet 1724, il fut adopté par son cousin
ELOY-FERDINAND DE BOUILLON [3]) seigneur d'Itzbach, fils

---

[1]) *Archives de la Meurthe*, B. 165, fᵒ 80.

[2]) *Archives de la Meurthe*, B. 196, n. 88.

[3]) BOUILLON. Jean Boulion (Bouillon) originaire du bailliage de Sᵗ-Mihiel, capitaine-
prévôt de Mandres-aux-quatre-Tours, fut anobli le 3 février 1595. Armes : d'or à
une branche de rosier au naturel, chargée de trois roses de même (fᵒ 37, registre 1595) Dom Pelletier: *Nob. de Lorraine.*

« Le *Nobiliaire* de Saint-Mihiel, publié ces dernières années, ne fait aucune
mention de la famille Bouillon, et je serais plutôt porté à croire qu'elle était originaire d'Essey, comme les Forget ; ce qui expliquerait l'acte d'adoption. C'est
un point que je laisse le soin d'examiner et de discuter. Les recherches que
j'ai faites sur cette famille n'ont donnée aucun résultat ». (Lettre de M. H. Lepage à l'auteur).

Je crois Eloy-Ferdinand de Bouillon de la même famille que Jean Bouillon,
anobli en 1595, parceque le nobiliaire de Dom Pelletier ne mentionne qu'une seule
famille Bouillon parmi les anoblis de Lorraine, que, d'ailleurs, ils portent les mêmes

de Charles de Bouillon et de Barbe Voirin, à charge de
prendre le nom et les armes de Bouillon et de les trans-
mettre à ses descendants mâles, par ordre de primogéni-
ture. Cette adoption fut confirmée par le duc Léopold, le
17 du même mois. [1])

M͏ʳ de Bouillon mourut à Saint-Nicolas-du-Port, prés
de Nancy, en 1746. [2])

Jean-Henry Forget de Barst de Bouillon mourut à Saint-
Oswald, près Bouzonville, le 6 juin 1768, et fut enterré
dans l' église de Kerperich-Hemmerstroff.

Il avait épousé, par contrat passé à Saint-Avold le 27
avril 1715, CHARLOTTE DE CAILLOUX DE VALMONT, [3]) fille
de Jean de Cailloux, écuyer, seigneur de Valmont et de

armoiries. Le Nobiliairè de Saint-Mihiel, de M. Dumont, ne fait pas mention de la
famille de Bouillon, sans doute parce qu'elle s'est éteinte depuis longtemps. Le
fait que Jean Bouillon était originaire de Saint-Mihiel n'empêche pas l'existence,
à, Essey, d'homonymes, peut-être de parents.

[1]) *Archives de la Meurthe*, B. 163, f° 107.

[2]) Henry de Barst de Bouillon fut institué légataire des biens de son père
adoptif par acté de dernière volonté en date à Nancy, du 29 avril 1728 ; les
biens, situés tant à Saint Nicolas et à Varangéville, que dans la Lorraine allemande, lui furent dévolus « à charge, dit le testateur, que ladite remanance en
immeubles seulement ne pourra estre vendue, affectée, chargée, donnée ny hypo-
théquée en tout ou en partie, de quelle manière ou sous quel prétexte ce puisse
estre par mon dit fils adoptif, en sorte que tous et chacun desdits immeubles
quels ils soient et où ils puissent estre situés, passent et soient transmis sans
aucunes charges à ses enfants masles portant mon nom et mes armes, gráduel-
lement les uns aux autres, d'aisné en aisné, et à leur descendants dans le mésme
ordre à l'infiny, toujour aux mêmes conditions et à deffaut desdits masles, aux
femelles les plus habiles à succéder au dernier des masles ». Ce testament fut
ouvert à Saint-Nicolas le 1ᵉʳ août 1746.

Henry de Barst reçut du chef de sa femme les seigneuries de Folschwiller,
Lelling et Furst, aux environs de Sᵗ-Avold, et la cense de Thionville, qu'il vendit
plus tard pour subvenir aux dépenses de réparation de ses biens patrimoniaux.

[3]) CAILLOUX DE VALMONT. Jean, fils de Nicolas le Bonhomme et de Guérine de
Cailloux, ayant suivi le parti des armes, fut autorisé à substituer à son nom ce-
lui de Cailloux et à reprendre la noblesse de sa mère, par lettres du 30 janvier 1699.
Les preuves de la noblesse de Cailloux sont indiquées au f° 42 de la *Recherche de la
noble se du bailliage de Sᵗ-Mihiel*, par Richier poursuivant d'armes de Lorraine
Armes: d'azur à la bande d'argent accompagné de quatre roses d'or, 2, 2. Dom.
Pelletier: *Nob. de Lorraine.*

Lesse, lieutenant-colonel du régiment de Mortal-Cavalerie, et de Charlotte de Blaives, morte le 12 avril 1762 à Kerperich-Hemmerstroff, et enterrée dans le vieux chœur de l'église de cette seigneurie.

C'est à la persévérante activité de Jean-Henry que la famille Forget de Barst fut redevable d'être remise en possession de ses biens patrimoniaux. (V. *Mémoire pour Jean-Henry Forget de Barst de Bouillon,* aux pièces justificatives.)

Jean-Henry Forget de Barst de Bouillon eut de son mariage avec Charlotte de Cailloux de Valmont douze enfants:

> 1° CHARLOTTE-FRANÇOISE FORGET DE BARST, baptisée le 8 mars 1717 (parrain, François de Forget, écuyer, seigneur haut-justicier de Barst, aïeul paternel; marraine, dame de Blaives de Valmont, aïeule maternelle), vivait encore en 1789. [1] Elle épousa, le 15 décembre 1739, JEAN-FRANÇOIS, COMTE DE ROUCY, [2] chevalier, seigneur de Layviller, Beckerholtz et Saint-Oswald, né en 1695, mort le 18 février 1765. La comtesse de Roucy eut dix enfants:
>
> > 1° Odile de Roucy, née le 1er août 1741, morte le 8 octobre 1819, à Saint-Oswald;
> >
> > 2° Charles-Gaspard, comte de Roucy, né le 21 mars 1743, capitaine aux grenadiers de France; marié à Anne-Antoinette-Xavière Jeannot de Courchaton, fille du conseiller de ce nom au parlement de Besançon, dont trois filles;
> >
> > 3° Anne-Marie de Roucy, née le 13 février 1745; mariée, le 14 janvier 1741, à Jean-Batiste de Bely, écuyer, seigneur de Duren, né en 1722;
> >
> > 4° Ferdinand-Ernest-Jean-François de Roucy, né le 7 mars 1747, mort le 1er octobre 1750;

[1] V. *Procès-verbaux des élections aux États-généraux de 1789,* par MM. de la Roque et de Barthélemy.

[2] ROUCY. Maison d'ancienne chevalerie descendant en ligne masculine des comtes de Ponthieu, Montdidier, Arcy et Rameru et en ligne féminine des comtes de Reims et de Roucy, issus de la race Carlovingienne, Armes: écartelé au 1er et au 4me d'or au lion d'azur, au 2me et au 3me de gueules au créquier d'or.

Le 15 février 1740 Henry de Barst de Bouillon achetait de la succession de Françoise de Croiset, dame de Sombreuil la haute justice de Beckerholtz et la maison franche de Saint-Oswald près Bouzonville, pour son gendre et sa fille, le comte et la comtesse de Roucy. La terre de Saint-Oswald fut vendue le 9 germinal an VII comme bien d'émigrés. Le 22 fructidor an IX, elle fut achetée par Jean-Nicolas Hegay, chef de brigade de cavalerie, à Sarrelouis; plus tard, elle passa à sa fille, madame Augustine de Guentz, dont le fils habite aujourd'hui Moxeville près Nancy.

5° Eloy-Gaspard de Roucy, né le 13 juillet 1748 ; mort le 17 septembre 1750 ;

6° Jean-Henry, comte de Roucy, né le 13 juillet 1751 ; mort assassiné, le 10 avril 1790, au château de Kerperich-Hemmerstroff. Il avait épousé, le 6 mai 1788, Marie-Françoise de la Roche-Girault, dame de Kerperich-Hemfnerstroff [1]), fille de Jacques-François de la Roche-Girault, chevalier de St-Louis, maréchal des camps et armées du roi, colonel du régiment d'artillerie de Strasbourg, et de Catherine de Wolkringen. De cette union naquit un fils ;

7° Jean-Jacques-Charles-François, comte de Roucy, né le 20 mai 1753, officier au régiment de Bouillon, mort le 22 déc. 1837, au château de Freistroff, près de Bouzonville ; il avait épousé, le 1er mai 1792, Marie-Françoise Hegay, fille de Jean Hegay, née en 1766, morte à Bettange le 18 fév. 1833, dont une fille, née le 7 fév., m. le 10 mai 1793, à Sarrelouis ;

8° Jean-Philippe de Roucy, né le 29 avril 1755, mort en . . . . . .

9° Marie-Thérèse de Roucy, née le 7 juillet 1749, religieuse ; morte le 13 janvier 1844, à Bounzoville ;

10° Charlotte de Roucy, née le 15 avril 1761, morte à Itzbach ; mariée à Charles Le Dent de Sainte Marie, son cousin germain ;

2° FRANÇOIS-JACQUES-ELOY, né le 1er nov. baptisé le 5 déc. 1718 à Kerperich-Hemmerstroff (p., François-Eloy de Bouillon ; m., Anne-Catherine de Barst, née de Busselot, aïeule paternelle) ; mort en 1719, enterré dans l'église de Kerperich-Hemmerstroff ;

3° ANNE-FRANÇOISE FORGET DE BARST, née le 8 déc. 1720, baptisée le 5 janvier 1721 à Kerperich-Hemmerstroff (p., François-Christian de Busselot, grand-oncle paternel, m , Anne-Marie de Galhau de Fremerstroff, née de Humbert) ; elle épousa, le 28 nov. 1742, JEAN-HENRY DE VIGNEULLES DU SART, [2]) chev., seigneur de Bickendorf (Luxembourg), mort le 3 août 1809. De ce mariage sont nés :

1° Pierre-Alexandre-Henry-Xavier de Vigneulles du Sart, marié à Marie Sophie-Philippine de Baring, dont dix enfants ;

2° Marie-Anne-Joséphine de Vigneulles du Sart, née en 1755, religieuse, m. le 3 oct. 1845 ;

3° Charlotte de Vigneulles du Sart, née en 1757, religieuse à l'abbaye noble de Marienthal ; m. le 2 nov. 1820 ;

4° Odile de Vigneulles du Sart, née en 1759, religieuse de St-Thomas ; m. le 22 avril 1806 ;

---

[1]) Mlle de la Roche-Girault, ou de la Roche-Girolt, apporta à son mari une partie du fief de Kerperich-Hemmerstroff, qu'elle, sa sœur et leur mère avaient acquis de Françoise de Wolkringen, leur tante et sœur, douairière de messire François de Barst de Bouillon, de son vivant mestre de camp de cavalerie. — À la mort de son mari, la comtesse de Roucy donna une partie de ses biens en acensement, en vendit une autre et se retira à Metz avec son enfant. — Pendant la révolution, le domaine de Kerperich-Hemmerstroff fut vendu par la nation comme bien d'émigrés.

[2]) VIGNEULLES. Maison de l'ancienne chevalerie de Lorraine, établie dans la province de Trèves en 1658, alliée aux d'Ourches, des Armoises, Barisey, la Tour etc Armes : d'azur à cinq annelets d'or. 2, 2, 1, pour cimier : un lion couronné.

5° Marie-Catherine de Vigneulles du Sart, mariée à Jean-Albert Abels, chambellan de S. A. S. le prince d'Arenberg, mort en 1781.

4° FRANÇOIS-GUILLAUME-HENRY, auteur de la *branche aînée* , qui suit;

5° PHILIPPINE-FRANÇOISE FORGET DE BARST, née le 28 février, baptisée le 5 mars 1724, à Kerperich-Hemmerstroff (p., Jean-Philippe de Cailloux, écuyer, seigneur de Valmont et de Lesse, oncle paternel et maternel; m., Françoise de Charton); vivait encore en 1789 [1]); mariée en 1760 à CLAUDE LE DENT DE SAINTE-MARIE, seigneur d'Itzbach [2]), mort le 5 avril 1780 à Itzbach; elle en eut:

    1° Jean Le Dent de Sainte-Marie, né le 12 mai 1761, mort en....

    2° Charles Le Dent de Sainte-Marie, marié à Charlotte de Roucy, sa cousine germaine, m. à Itzbach.

6° ELOY, né à Saint-Nicolas en 1725 (p., Eloy de Bouillon; m., madame de Gaillard), mort la même année;

7° CHARLES-ELOY-FERDINAND, auteur de la *branche cadette*, qui suit la *branche aînée;*

8° ANNE-URSULE FORGET DE BARST, née le 26, baptisée le 30 nov. 1727, à Kerperich-Hemmerstroff (p., Léopold comte du Han; m., Anne-Ursule de Requin, née d'Ham); morte religieuse de l'ordre de Ste Elisabeth, à Château-Salins;

9° JEAN-FRANÇOIS, né le 16 sept., baptisé le 18 oct. 1729, à Kerperich-Hemmerstroff (p., Jean-François d'Hableinville, m., Anne-Marguerite de Bayers, baronne de Haen); cadet-gentilhomme du roi Stanislas, par arrêt du 4 janvier 1741; capitaine aux grenadiers de France, par brevet du 4 juin 1758, chevalier de St-Louis; mort à Téting, sans postérité. Il avait épousé: N. de VAULX D'ACHY [3]), de Remsing, morte à Téting;

10° MADELEINE FORGET DE BARST, née le 2, baptisée le 6 fév. 1731, à Kerperich-Hemmerstroff (p., Jean-Laurent de Gallois d'Hautcourt; m., Madeleine Le Roy, née de Humbert). Elle épousa, le 17 nov. 1749, JEAN-CHARLES O'MORE, [4]) chevalier, seigneur de Valmont, capitaine aux grenadiers de France, dont elle eut:

    1° Philippe O'More, chevalier, seigneur de Valmont; marié, le 19 mai 1780, à Barbe-Christine-Marguerite de Limosin, fille de Jean-Baptiste baron de Limosin-Dalheim et de Marguerite de Sempach, dont: Jean-Baptiste Emmanuel O'More, né le 25 fév. 1781.

---

[1]) V. *Procès-verbaux des élections de la noblesse aux États-généraux de 1789,* op. cit.

[2]) La terre d'Itzbach échut pour partie à la famille de Sainte-Marie, qui la conserva pendant la révolution. Mme Charles de Sainte-Marie, née de Roucy, l'habitait encore au milieu de ce siècle; elle y mourut et fut enterrée au cimetière du village.

[3]) VAULX. Ancienne famille, originaire de la Belgique, porte d'azur à deux bars adossés d'argent.

[4]) O'MORE. Ancienne et illustre famille d'Irlande, des comtes de Leix, qui descendent des anciens souverains du pays. La branche aînée de cette maison est restée en Irlande; la branche cadette a suivi le roi Jacques II en France et s'est établie en Lorraine. Armes: de sinople au lion d'or armé et lampassé de gueules, accompagné en chef de trois étoiles d'or: pour cimier: trois têtes de maures; pour devise: *Spes mea Deus.* (La Chesnaye-des-Bois et Badier, art. O'More).

2° Charles O'More, chevalier, lieutenant au Royal-Bavarois, mort en 1776 ;

3° Jeanne-Madeleine O'More, religieuse à l'abbaye noble de Marienthal (Luxembourg).

4° Françoise-Victoire O'More, née en 1774 ;

11° MARIE-MARGUERITE FORGET DE BARST, née le 25 février, baptisée le 2 mars 1732, à Kerperich-Hemmerstroff (p., Christophe de Galhau de Fremérstroff ; m., Marie-Marguerite Forget de Barst, née de Magnien, tante paternelle) ; morte religieuse de l'ordre de Sainte-Elisabeth à Château-Salins ;

12° JEAN-PHILIPPE, né le 24, baptisé le 28 août 1735, (p., Jean-Philippe, baron de Steinkalenfels, commandeur de l'ordre Teutonique ; m., Marie-Mechtilde de Metternich, baronne d'Eltz) ; lieutenant au régiment de Salm-Salm, au service de l'Empereur, puis chartreux ; mort le 18 mai 17....; enterré à Kerperich-Hemmerstroff.

BRANCHE AÎNÉE.

V. FRANÇOIS - GUILLAUME - HENRY FORGET DE BARST DE BOUILLON (fils aîné de Jean-Henry Forget de Barst de Bouillon et de Charlotte de Cailloux de Valmont), écuyer, baron DE BOCKENHEIM, seigneur de Kerperich-Hemmerstroff, d'Itzbach, Biren, Furst, Folschviller, Lelling et Alsing [1]), né le 6, baptisé le 30 septembre

---

[1]) Voir aux pièces justificatives l'arrêt du 20 juin 1766.

François Forget de Barst de Bouillon eut pour sa part la seigneurie de Kerperich-Hemmerstroff et d'Itzbach, pour laquelle il fit foi et hommage en 1772 et les biens d'adoption situés pour deux tiers dans la baronnie de Viviers et pour un tiers dans l'ancienne prévôté de Saint-Nicolas (Convention en forme de partage entre Henry de Barst de Bouillon et ses enfants, du 11 avril 1761.) À sa mort, sa veuve vendit Kerperich-Hemmerstroff à sa sœur, Catherine de Wolkringen et à ses nièces Mlles de la Roche-Girault, dont l'une devint comtesse de Roucy, et se retira à Reling, où elle bâtit une maison qui porte encore aujourd'hui le nom de *Bouillon's haus*. — Le 16 Juillet 1814, le château de Kerperich-Hemmerstroff ayant été mis en vente comme dépendant de la succession vacante du premier acquéreur révolutionnaire, Albert-Marie Ferino, Jacques Pignot en acheta un lot, le corps de logis central. Il le revendit plus tard à Nicolas Monter, cultivateur, dont les enfants l'habitent aujourd'hui, avec dix autres familles de laboureurs. Cette vaste demeure seigneuriale et ses dépendances est transformée en maison de ferme.

1722, à Kerperich-Hemmerstroff (parrain, François comte
du Han et de Gross-Hemmerstroff, chambellan de S. A. R.;
marraine, Françoise O'More, née de Cailloux); entré au
service de France, comme lieutenant en second au Royal-
Suédois; capitaine au régiment de Nassau (infanterie),
le 1er nov. 1745; au régiment de Nassau-Usingen (cavalerie), le 2 mars 1748; au régiment des volontaires-
royaux de Nassau-Sarrebruck, le 11 avril 1758, avec lequel
il fit les campagnes de Flandre et de Hanovre (1758-1761).
En 1761, il fut fait lieutenant-colonel, et, par brevet du
3 juin 1779, mestre du camp de cavalerie; nommé chevalier de Saint-Louis le 11 juillet 1760. ')

François de Barst de Bouillon mourut le 25 avril 1784,
noyé dans les eaux de la Nied, qu'il traversait à cheval
en revenant de Schwerdorf; le lieu où il perdit la vie,
situé près de Wackmuhl, s'appelle encore *Bouillon's loch*
(le trou de Bouillon.) Il avait épousé à Thionville, le 5
août 1766, FRANÇOISE DE WOLKRINGEN, ²) née posthume,
à Thionville, le 26 mars 1736, de feu François de Wolkringen, officier au régiment de Saxe, au service du roi,
et de Marie Braillon; il en eut trois enfants:

1º GUILLAUME-HENRY-FERDINAND, qui suit;

2º CATHERINE-EMILIE FORGET DE BARST DE BOUILLON, née à Thionville le 29
mai 1768, morte à Reimling le 19 mai 1827. Elle épousa, à Itzbach, le
24 floréal an IX (14 mai 1801), JACQUES PIGNOT, lieutenant des doua-
nes, mort, le 16 mai 1832, à Reimling et en eut:

1º Guillaume-Henri Pignot;

2º Jacques-Léon-Victor Pignot, né en 1804, décédé, le 29 nov. 1881
à Reimling; marié à Cathérine Zimmer dont trois enfants;

3º Jean-Victor Pignot, né en 1806 à Reimling, mort à Paris;

4º Jean-Jacques-Léon Pignot, né en 1809 à Reimling, y mourut en 1823;

') V. *Mémoire des services de François Forget de Barst de Bouillon*, baron
de Bockenheim aux Pièces justificatives.

²) WOLKRINGEN. Famille d'ancienne chevalerie, alliée, au XIVᵐᵉ siècle, aux barons de Hausen. Armes: d'argent à la fasce de gueules, chargée d'une burèle
d'or; fretté en chef de gueules; pour cimier: une grenade enflammée de gueules.

5° Caroline Pignot, née en 1811 à Reimling, mariée à Adrien Hubert, de Mainviller;

3° CHARLES-ELOY-FERDINAND FORGET DE BARST (le baron DE FORGET), né, le 30 déc. 1771, baptisé le 1er janv. 1772, à Kerperich-Hemmerstroff (parrain: Charles-Eloy-Ferdinand Forget de Barst d'Hemmerstroff, lieu-tenant général du bailliage de Bouzonville et grand bailli de Merzig Sargau, oncle paternel; marraine: Charlotte-Françoise de Barst, com-tesse douairière de Roucy); émigré en 1792; résida à Odessa en 1806, à Kaminka (dans l'Ukraine) en 1818, à Telepino dans le gouvernement de Kerson (Russie) en 1823, et en dernier lieu à Sébastopol en 1824 et 25. Depuis cette époque il ne donna plus signe de vie et dut périr en mer avec son fils. [1] Il avait épousé en émigration une française, dont le nom est resté inconnu . . [2]), morte au passage de la Bérézina en no-vembre 1812; il en eut trois enfants:

1° MARIE-ANTOINETTE-ELÉONORE FORGET (DE BARST) mariée, le 15 mars 1806, à Odessa, à noble JOSEPH PIERRUGUES de Nice maritime; morts tous les deux au passage de la Bérézina en 1812. Dont: Grégoire-Au-guste Pierrugues, né en 1806 à Moscou, marié, à Marie-Francoise-Ur-sule Pascal, de Cagnes; Thérèse-Adélaïde Pierrugues, née en 1808, morte en 1809 à Moscou; François Pierrugues, né en 1812 à Moscou, mort la même année au passage de la Bérézina avec ses parents.

2° N. . . née vers 1797 morte au passage de la Bérézina en 1812;

3° Apollon, né vers 1809, vivait avec son père et dut périr avec lui.

VI. GUILLAUME-HENRY-FERDINAND FORGET DE BARST DE BOUILLON, né à Hemmerstroff, le 5 juin 1767, était en 1784, major de chevau-légers, mort à Metz en 182.... Il épousa à Metz, le 18 juin 1793, ELISABETH-CÉCILE MASSIN, dont il eut:

1° MARIE-LOUIS-FRANÇOIS-FERDINAND, qui suit;

2° FANNY FORGET DE BOUILLON, morte à Bouxiéres, sans alliance.

VII. MARIE-LOUIS-FRANÇOIS-FERDINAND FORGET DE BOUILLON, né à Metz, le 16 octobre 1797; mourut le 20 août 1825 à Arras, sergent au 1er régiment du génie, sans postérité; avec lui s'est éteint le nom de Bouillon.

---

[1]) Papiers de la famille PIERRUGUES. Sa dernjère lettre ,datée de Sébastopol, octobre 1825, à son petit-fils, lui annonçait son prochain départ d'Odessa pour Nice

) MARIE DE FRANCE, V. aux pièces justificatives l'Acte de mariage de Marie-Antoinette-Eléonore Forget de Barst, sa fille.

BRANCHE CADETTE.

V. CHARLES-ELOY-FERDINAND FORGET DE BARST D'HEMMERSTROFF (fils puîné de Jean-Henry Forget de Barst de Bouillon et de Charlotte de Cailloux), né le 24 sept., baptisé le 6 nov. 1726, à Kerperich-Hemmerstroff (parrain, Charles-Gaspard de Forget, écuyer, seigneur de Barst, oncle paternel; marraine, Jeanne de Cailloux, dame de Hautcourt, tante maternelle); écuyer, seigneur de Furst, d'Itzbach et du comté de Gross-Hemmerstroff (en partie [1]); reçu, par arrêt du 19 mars 1741, cadet-gentilhomme du roi Stanislas; avocat à la Cour souveraine de Lorraine et Barrois, le 22 août 1748; lieutenant-général civil et criminel du bailliage de Bouzonville et conseiller du roi, par lettres du 3 juillet 1753, il quitta ces

---

[1] Le château de Gross-Hemmerstroff est situé au milieu du village de ce nom, en face de Kerperich; ce fief faisait partie des biens concédés par le duc Ferry III à Weichard de Brucken, chevalier du Temple, en 1293. Il appartint ensuite à la famille de Parroy, de laquelle il passa en 1486 aux de Bechlen, leurs héritiers; au XVII° siècle il faisait partie des domaines des barons de Zandt de Merle, descendants des Bechlen; au XVIII° siecle, il appartenait au baron de Blittersdorf-Walstegg, qui le céda, en 1719, au comte François du Han, chambellan de S. A. R. C'est pour ce dernier que cette terre fut érigée en comté par le duc Léopold, le 11 septembre 1720. — Au comte François du Han succéda son fils, le comte Léopold, qui, devenu insolvable, fit cession de ses biens à ses créanciers (1759.)

Le comté de Gross-Hemmerstroff fut adjugé à la comtesse de Coislin, née de Mailly, qui en céda une partie à MM. le marquis de Dampont et de Barst. Ce dernier eut pour sa part le fief, la seigneurie foncière et le château de Gross-Hemmerstroff, avec tous les droits y attachés. (Vente du 4 sept. 1780.) C'est là qu'il mourut dix ans après, dernier seigneur de Gross-Hemmerstroff.

La mort du marquis de Dampont, exécuté révolutionnairement à Metz hâta le départ de la famille de Barst, qui abandonna ses biens pour éviter le même sort.

Le château et les terres de Gross-Hemmerstroff furent vendus par la nation comme bien d'émigrés et divisés en grand nombre de parts. La résidence des anciens seigneurs est habitée aujourd'hui par plusieurs familles de laboureurs.

fonctions le 15 septembre 1779; grand bailli, pour le roi, de Merzig et Sargau; subdélégué de l'intendant de Lorraine près de ces bailliages; député du bailliage de Bouzonville et Schambourg pour les élections aux États-généraux de 1789; [1]) mort le 3 juillet 1790, enterré à Gross-Hemmerstroff.

Ferdinand de Barst d'Hemmerstroff épousa, au château de Malberg, [2]) par contrat du 20 juin 1755, MARIE-THÉRÈSE-JOSÈPHE de VEYDER DE MALBERG [3]), baronne du Saint-Empire, fille de François-Maurice baron de Veyder-Malberg et du Saint-Empire, seigneur de Mehr, Bettenfeld, Hohenfels, Ober-Esch, Steyer, etc., et de Marie-Thérèse Colas de Neuforges; morte à Bouzonville le 12 août 1767 et enterrée dans l'église paroissiale de Vaudreching.

De ce mariage naquirent sept enfants:

1° FRANÇOIS-MAURICE, né en 1757 (p., François-Maurice baron de Veyder-Malberg, aïeul maternel:) capitaine au régiment de Hesse-Darmstadt, mort, en 1793, à l'armée de Condé, sans postérité; épousa, le 26 nov. 1787, à Nancy, Anne-Françoise DE THIERIET [4]), née le 4 avril 1761, fille de Jean-Nicolas de Thieriet et de Marie-Thérèse de Luyton; remariée à Charles-Antoine, baron de Vallée.

2° JEAN-HENRY-CHARLES-JOSEPH, auteur du *rameau autrichien*, qui suit;

3° PIERRE-ERNEST-JOSEPH, né le 13, baptisé le 22 janv. 1760, à Vaudreching (p., Pierre-Ernest-Joseph, baron de Veyder-Malberg, oncle maternel; m., Marianne, née baronne de Faust, douairière de messire le

---

[1]) Avec le marquis de Dampont qui fut plus tard guillotiné à Metz. V. *Procès verbaux de ces élections*, publiés par M. M. de la Roque et de Barthélemy.

[2]) Sur la Kyll, pres Kylbourg, cercle de Bittbourg, province de Trèves.

[3]) VEYDER-MALBERG. Ancienne famille du Trévirois, agrégée au corps de la noblesse du Rhin inférieur le 9 mars 1706 et de la noblesse du Luxembourg, le 16 janv. 1710. Barons libres, 1706; barons du Saint-Empire, par diplôme de Charles IV, empereur d'Allemagne, le 10 janv. 1732.

Armes: écartelé au 1er et au 4e d'or à l'ours de sable, attaché de même: au 2e et au 3e d'argent à l'écusson de gueules; l'écu sommé de la couronne de comte antique. V. *Biographies luxembourgeoises; Almanach de Gotha des Barons, 1857; Annuaires de la noblesse de Belgique.*

[4]) THIERIET. Famille lorraine anoblie en 1549. Porte d'azur à trois roses d'argent, au chef d'or chargé d'un lion naissant de gueules (Dom. Pelletier: *Nob. de Lorraine*). Cette famille s'appelle aujourd'hui de Thieriet de Luyton.

baron de Haen de Bourg-Esch, seigneur de Schwerdorf); *entré au ser-*
vice le 1ᵉʳ sept. 1777; démissionnaire le 10 juillet 1789, de ses fonctions
de lieutenant au régiment de Hesse-Darmstadt; émigré; nommé capitaine d'infanterie, pour prendre date du 1ᵉʳ janv. 1791, par brevet du
25 oct. 1815; chevalier de Saint-Louis; maire de Tincry; mort à Tincry, le 17 janv. 1839, sans postérité. — Il avait épousé, à Saint-Sébastien de Nancy, le 27 avril 1784, Marie-Gabrielle-Adélaïde de REBOU-
CHER ¹), fille de Bernard-François-Gaspard de Reboucher, écuyer, seigneur de la Rochelle, et de Françoise-Marguerite de Leusse de Givray;
morte à Tincry le 8 nov. 1825;

4° FRANÇOIS-CHARLES-JOSEPH, auteur du *rameau françois*, rapporté plus loin;

5° JEAN-FRANÇOIS-JOSEPH, né à Bouzonville le 14 août 1763; capitaine au
régiment de Nassau; mort sans alliance en 1791, à Gross-Hemmerstroff,
où il est enterré;

6° MARIE-ANNE-THÉRÈSE, née à Bouzonville, le 28 octobre 1764; morte le
11 déc. 1840. Elle épousa Joseph-Henry-Charles baron de VEYDER-
MALBERG et du Saint-Empire, né en 1766, chambellan de l'évêque-prince-
électeur de Trèves, mort le 27 fév. 1834; dont elle eut;

1° Ernestine, baronne de Veyder-Malberg, née le 15 juin 1800, morte
le 13 mars 1844; mariée à François-Gerhard Schmitz, né à Trèves, le 24
août 1792, inspecteur des Eaux et Forêts; mort au château de Malberg,
le 6 mars 1864. Six enfants.

2° Charles-Ernest baron de Veyder-Malberg et du Saint-Empire,
né en 1801, mort, le 18 fév. 1869; marié, en 1821, à Caroline, comtesse
de Saintignon, morte à Malberg, le 4 déc. 1880; sans postérité;

3° Adèle, baronne de Veyder-Malberg, née en 1803; mariée, en 1844,
au baron Ferrand de Montigny, mort à Bracht en 1878; sans postérité.

7° MARIE-ANNE-FRANÇOISE, née le 18 août 1766; mariée à Mʳ. HUSSON DE
BERMONT, de Bar-le-Duc, capitaine de hussards; dont: Ernestine de
Bermont, morte à Metz en 1877; sans alliance.

---

¹) REBOUCHER. Jean Reboucher, natif d'Epinal, juge assesseur, fut anobli le
14 janvier 1604. Porte d'or à une tête d'ours de sable arrachée, allumée d'argent
et lampassée de gueules, au chef de sable chargé de trois croisettes d'or. — Cette
famille, alliée aux de Nommexy, de Cueullet, d'Arbois, le Febvre comtes de Saint-
Germain, Mac-Donnell barons de Scotosse, de Thomassin, Doré de Crépy etc. a donné
plusieurs présidents et conseillers à la Cour souveraine et au Parlement de Nancy.
— Mᵐᵉ de Barst était la dernière de son nom. (Dom. Pelletier: *Nob. de Lorraine*).
Dans un vieux registre de la paroisse de Vaudreching et Bouzonville se trouve
un recensement de la population pour l'année 1771, dans lequel la famille de
Mʳ de Barst est ainsi représentée: Mʳ de Barst lieutenant général du bailliage;
Maurice son fils, 14 ans; Henri id. 13 ans; Ernest-Joseph id. 12 ans; Charles-
Joseph id. 10 ans; François-Joseph id. né le 14 août 1763; Anne-Marie-Thérèse,
née le 13 oct. 1764; un precepteur; un garçon domestique; deux servantes.

RAMEAU AUTRICHIEN.

VI. JEAN-HENRY-CHARLES-JOSEPH FORGET DE BARST (le chevalier DE BARST,) né le 29 mai 1758, baptisé à Duppenwiller; (fils de Charles-Eloy-Ferdinand Forget de Barst d'Hemmerstroff et de Marie-Thérèse-Josèphe de Veyder de Malberg); capitaine d'infanterie au régiment de Bouillon; chevalier de l'ordre royal et militaire de Saint-Louis; émigré; entré, pendant la révolution, au service de l'Autriche; était, de 1818 à 1825, major et commandant la 2ᵉ section de cordon de frontière à Zalosce (cercle de Zloczow,) en Galicie; ensuite commandant de place à Brody; mort à Brody. Il épousa une galicienne: N. DE BEISS, qui, après la mort de son mari, se retira à Lemberg (Galicie).

De ce mariage sont nés:

1° HENRY, qui suit:

2° N. . . . . née vers 1820;

3° MAXIMILIEN FORGET chevalier DE BARST, né à Zalosce en 1823; nommé, au sortir de l'école des cadets de Wiener-Neustadt, lieutenant au 31ᵐᵉ régiment hongrois d'infanterie « Guillaume, prince de Prusse » à Lemberg, le 23 sept. 1842. Il entra, le 1ᵉʳ octobre 1848, comme capitaine dans la Garde nationale hongroise; en 1851, il avait quitté l'armée;

4° CHARLES FORGET chevalier DE BARST, né à Zalosce en 1824, fut le 1ᵉʳ septembre 1838, nommé cadet au 63ᵉ rég. d'infanterie, le 11 avril 1848, lieutenant, et le 19 sept. 1849, lieutenant en premier. Le 6 avril 1856, il quitta son grade pour entrer dans les fonctions civiles;

5° ERNEST FORGET chevalier DE BARST, né à Zalosce en 1825, entra comme cadet, au 63ᵐᵉ régiment d'infanterie, le 17 sept. 1839; promu lieutenant au 58ᵐᵉ régiment d'infanterie, le 1ᵉʳ juillet 1849; il quitta l'armée le 30 nov. 1856.

VII. HENRY FORGET, chevalier DE BARST, né à Zalosce en 1818, entra à l'Ecole des cadets de Wiener-Neustadt; il fut nommée cadet au 63ᵐᵉ régiment d'infanterie, le

12 oct. 1832; promu lieutenant, le 1ᵉʳ fév. 1840. Le 31 décembre 1847, il quitta le service de l'Autriche pour entrer dans l'armée royale hongroise. Il prit part, avec ses
chefs, en 1848, au soulèvement de la Hongrie et fut nommé,
sur le champ de bataille, lieutenant-colonel du 60ᵉ régiment d'infanterie « Prince Wasa » et chef de l'État-major
général de l'armée. Fait prisonnier, en août 1849, il fut
détenu à la forteresse d'Arad jusqu'en juin 1850, époque de
l'amnistie générale.

Perdu de vue depuis cette époque.

RAMEAU FRANÇAIS.

VI. FRANÇOIS-CHARLES-JOSEPH FORGET DE BARST
(fils de Charles-Eloy-Ferdinand Forget de Barst d'Hemmerstroff et de Marie-Thérèse-Joséphe de Veyder de Malberg)
né le 10 juin 1761, à Vaudreching (parrain, François Guil-
laume-Henry de Forget de Barst de Bouillon, capitaine au
régiment de Nassau, chev. de Sᵗ-Louis, oncle paternel;
marraine, Marie-Anne-Joséphe, baronne de Veyder-Malberg, tante maternelle); entré au service comme sous-
lieutenant au régiment de Bouillon, le 22 juin 1779. Il
fit, en cette qualité, les campagnes de 1781, 82 et 83, aux
sièges de Mahon et de Gibraltar, où il fut blessé. Nommé
capitaine au régiment de Bouillon, le 25 fév. 1792; émi-
gra en mai 1792 et fit la campagne de cette année à
l'armée des Princes. Il se retira ensuite à Marbourg, puis

à Cassel (Hesse). — Rentré au service de France, le
25 juin 1813, comme commandant d'un bataillon d'infanterie au Helder; fut nommé, le 1ᵉʳ fév. 1814, commandant
d'armes au fort du Gommier. Il fit, en Hollande, les campagnes de 1813 et 1814. — Nommé chev. de Sᵗ-Louis, le
5 sept. 1815; mourut à Vigy (Moselle), le 30 oct. 1821.

Il avait épousé: 1°, à la paroisse de Saint-Sébastien de
Nancy, le 29 janv. 1789, REINE-SOPHIE REGNAULT, baronne
DE CHÂTILLON [1]), née à Saint-Urbain et baptisée à Ro-
sières-aux-Salines le 6 janv. 1759, fille de Charles-Joseph
Regnault, baron de Châtillon, seigneur de Vigneulles et
du Val-de-Bon-Moutier, capitaine des gardes du duc de
Lorraine, grand-duc de Toscane, et de Christine-Gabrielle
de Reboucher, dame de Saint-Urbain; morte en émigration à Marbourg (Hesse-Cassel), le 19 déc. 1798. — 2°, à
Metz le . . . . . MARGUERITE-MADELEINE VALLET DE MER-
VILLE [2]), née à Metz le 13 août 1766, fille de François
Vallet de Merville, écuyer, conseiller du roi et lieutenant de la maréchaussée des Trois-Evêchés, et de Marguerite Alexandre; morte à Orléans le 10 mars 1833. Il
eut de Mˡˡᵉ de Châtillon:

1° CHARLES-GABRIEL-FERDINAND, qui suit:
2° CHARLES-JOSEPH-ANNE-THÉRÈSE, né à Marbourg le 17 janv. 1797 (p., Joseph-
   Henry-Charles, baron de Veyder-Malberg, chambellan de l'électeur de
   Trèves; m., Marie-Thérèse Forget de Barst, baronne de Veyder-Mal-

¹) REGNAULT DE CHÂTILLON. François Regnault, officier de la saline de Ro-
zières, fut anobli le 25 avril 1665. Armes: d'argent au chevron d'azur, accom-a-
gné de trois étoiles de gueules, au chef de gueules chargé d'un lion léopardé d'or;
pour cimier: un lion naissant d'or. — Baron de Châtillon par diplôme du duc Léopold. — Alliances: Haxaire de Tonnoy, de Mortal, de Forget, de Cucullet, de Mitry,
e Brun, de Reboucher, de Leusse de Givray, de Cossu, de Pulligny, de Jungken,
de Rouot, Humbert de Tonnoy, de Klopstein, de Schiélé, de Guaita (Dom Pelletier:
Nob. de Lorraine).
  ²) Sœur de M. de Merville, député de la Meurthe (avril 1815), préfet de la Meurthe
(1830) puis président de Chambre à la Cour de Nancy.

berg, grand'oncle et grand'tante paternels); entré au service de France, le 4 sept. 1814, comme sous lieutenant d'infanterie à l'armée des colonies; il fut nommé capitaine à la légion de la Martinique, le 19 juin 1822 et fit en cette qualité campagne à bord de l'*Éclair* (1822), à Savana. Mourut à la Basse-Terre (Guadeloupe), le 5 fév. 1825, sans alliance.

Et de Mademoiselle de Merville:

3º MARGUERITE-FRANÇOISE-VICTOIRE, née à Metz le 26 avril 1806, morte à Paris le 17 nov. 1879; mariée: 1º à N. GINISTY: dont un fils, Armand, officier d'infanterie, mort le 15 fév. 1868, et une fille; 2º, à N. DESPREZ, dont une fille.

VII. CHARLES-GABRIEL-FERDINAND FORGET DE BARST né à Longwy le 29 juin 1790 (parrain, Charles-Eloy-Ferdinand Forget de Barst d'Hemmerstroff, aïeul paternel; marraine, Gabrielle-Christine de Reboucher, baronne de Châtillon, aïeule maternelle); élève à l'École Polytechnique, le 10 nov. 1810; il fit les campagnes de 1813 et 1814 au 13ᵐᵒ corps d'armée à Hambourg; de 1815 au siège de Metz. Chef de bataillon du génie, du 4 fév. 1840 au 15 oct. 1848; commissaire du gouvernement près le 1ᵉʳ Conseil de guerre de la 4ᵐᵉ division militaire, à Strasbourg, du 1ᵉʳ janv. 1849 au 25 août 1852. Chevalier de la Légion d'honneur depuis le 26 juin 1831. Mourut, le 15 mars 1877, à Cirey-sur-Vezouse (Meurthe-et-Moselle), et fut enterré au Val-de-Bon-Moutier. Marié, le 27 oct. 1824, à Huningue (Haut-Rhin), à Marie-Pauline BLANCHARD [1]), née à Huningue le 27 avril 1799, fille de Louis-Xavier Blanchard, maire de Huningue sous l'Empire et la Restauration, et de Marie-

---

[1]) BLANCHARD. Famille alsacienne issue, dit-on, d'Alain Blanchard, capitaine des arbalétriers et défenseur de Rouen, qui paya de sa tête sa résistance aux Anglais (janvier 1419.)

A cette famille, alliée aux Benesech, de Reiset, de Despence, de Plombain etc., appartiennent l'intendant-général en Catalogne (m. en 1847) et le général de division (m. en 1876) de ce nom.

Armes: d'azur au chevron d'or accompagné en chef de deux étoiles d'or et en pointe d'un cygne d'argent nageant sur une onde de même.

Victoire-Charlotte Knopff d'Eschentzwiller ; il en eut quatre enfants :

1° ERNESTINE-CHARLOTTE-PAULINE née à Huningue, le 21 oct. 1826 ; morte à Colmar le 27 oct. 1827 ;

2° JEANNE-JUSTINE-LOUISE ; née à Huningue le 17 avril 1828 ; marié à Strasbourg, le 17 mai 1859, à Frédéric-Ernest-Alfred HOLTZAPFFEL, né à Strasbourg le 8 nov. 1824; vérificateur des Domaines, conservateur des hypothèques depuis 1870 ; dont :

1° Paul-Jules Holtzapffel, né à Lure (Haute-Saône) le 19 oct. 1861 et
2° Marie-Jeanne-Hélène Holtzapffel, née à Wissembourg (Bas-Rhin,) avril 1863 ;

3° ERNEST-ARMAND DE BARST, né à Huningue le 16 déc. 1832, sous lieutenant au 22ᵐᵉ rég. d'infanterie de ligne, décoré de la médaille d'Italie le 24 oct. 1859; mort à Toulon, le 13 oct. 1865 ; sans alliance.

4° CHARLES-JOSEPH-ALFRED, qui suit ;

VIII. CHARLES-JOSEPH-ALFRED FORGET DE BARST, né à Belfort, le 21 déc. 1833. Il est aujourd'hui le seul représentant mâle, en France, de la famille Forget de Barst.

LIGNE CADETTE.

IV. CHARLES-GASPARD FORGET DE BARST (fils puîné de François-Nicolas Forget de Barst et de Anne-Catherine de Busselot), écuyer, né en 1696, seigneur de Barst et de Serrières, capitaine-prévôt, gruyer, chef de police et subdélégué de la prévôté de Bouzonville, mort le 28 juillet 1749, à Bouzonville, et enterré dans le chœur de l'église abbatiale de cette ville. Il épousa, à la paroisse de St-Sébastien de Nancy, le 23 janv. 1720, Marie-Marguerite MAGNIEN DE SERRIÈRES [1]), née en 1693, fille de François Magnien de Serrières, écuyer, seigneur de Serrières, Art-sur-Meurthe, Porcieux, Langley etc., contrôleur de la Maison de S. A. R., et de Marguerite-Théodule L'Huillier, morte le 24 janv. 1746, à Bouzonville, et enterrée, avec son mari, à l'église de l'abbaye [2]). De ce mariage naquirent:

1° MARIE-FRANÇOISE, mariée, en 1760, à Jean-Claude DE HEYSSEN, [3]) chevalier héréditaire du Saint-Empire, capitaine de grenadiers au régiment d'Austrasie, chev. de Saint-Louis. Il résidait en 1786, en sa terre de Forgeville, près Halstroff, canton de Sierck [4]);

2° CHARLES-JOSEPH-XAVIER, qui suit;

3° FRANÇOIS-GASPARD, mort sans alliance.

V. CHARLES-JOSEPH-XAVIER FORGET DE BARST,
né en 1726; capitaine au régiment de Berg, puis lieutenant-

---

[1]) MAGNIEN DE SERRIÈRES. Laurent Magnien fut anobli le 19 sept. 1567, Armes: d'azur à la fasce d'or, accompagnée de trois cosses de pois d'or. Pour cimier: un lion naissant d'or tenant une boule de même. (Dom. Pelletier: *Nob. de Lorraine.*)

[2]) La pierre tumulaire qui recouvrait son tombeau, trouvée sous les dalles, devant la chapelle de la Sainte-Croix, portait cette inscription:

« Cy gît dame Marie Marguerite Magnie, dame de Serrière, epouse de M. Charles Gaspar Forget ecuier, seigneur de Barst et Serrière, capitaine prévôt, gruier, chef de police et subdélégué à Bouzonville. Laquelle après avoir étée munie des sacrements de l'Église rendit son âme à Dieu le vingt quatre janvier 1746.

« Priez Dieu pour Elle »

[3]) HEYSSEN. Famille noble originaire d'Allemagne, qui a pour armoiries: d'or à la fasce de sable chargée d'une rose d'or, boutonnée de gueules et feuillée de sinople; parti de Neumarck, qui est palé de gueules et d'argent de quatre pièces; chapé sur le tout de Heyssen ancien, qui est d'azur à la montagne d'or de trois coupeaux ardents et enflammés de gueules. L'écu sommé d'un casque ouvert, surmonté d'une couronne royale. Pour cimier: une aigle aux armes de Neumarck et de Heyssen ancien (La Chesnaye-des Bois et Badier; art. Heyssen.)

[4]) Le château de Forgeville ou Forgetville doit son nom à Charles-Gaspard Forget de Barst, qui en fut le fondateur; il a été habité après lui par Mme de Heyssen, sa fille et par le baron de Hausen, seigneur de Reling. Il n'en existe plus aucune trace, quelques arbres fruitiers indiquent seuls aujourd'hui la situation de cette terre seigneuriale.

colonel au régiment d'Alsace (infanterie allemande); chevalier de Saint-Louis; mort à Tincry le 6 oct. 1772. Il épousa en
1754 Marie-Elisabeth-Charlotte DU ROCHERET [1]), fille d'Elie-
François-Antoine du Rocheret, chevalier, seigneur d'Oriocourt et de Bazancourt, officier au service du roi, chevalier de Saint-Louis, et d'Antoinette de Busselot, dame
de Grémecey; il en eut dix enfants:

1° CHARLES-XAVIER, né en 1755, marié à Lisbonne et morte à Paris;

2° MARIE-LOUISE, née à Bouzonville, le 12 sept. 1756; morte à Bouzonville
le 1er janv. 1818;

3° FRANÇOIS-JOSEPH-SIGISBERT; qui suit;

4° MARIE-SOPHIE, religieuse bénédictine de Vergaville, morte à Tincry;

5° XAVIER, mort jeune;

6° MARIE-ANTOINE-JOSEPH, né en 1763, prieur commendataire de l'abbaye
de Cessy-les-Bois, en Bourgogne, appelé le grand prieur; mort en 1788;

7° CHARLOTTE-MARIE-MARGUERITE-THÉODORINE, née le 9 nov. 1767, morte à
Tincry, le 16 fév. 1847;

8° MARIE-THÉRÈSE née en 1769, morte à Tincry le 6 mars 1832; mariée, en 1807,
à Charles MATHELAT DE MONTCOURT, elle en eut deux enfants morts
en bas âge;

9° MARIE-LOUISE-ANTOINETTE, née à Tincry le 6 fev. 1772; demoiselle de
Saint-Cyr (1781 [2]); morte à Tincry;

10° JOSEPH-SIGISBERT-XAVIER, prieur commendataire de Cessy, à la mort
de son frère, en 1788; curé de Manhoué et d'Aboncourt-sur-Seille, le
12 mars 1805, de Château-Voué, en 1808; il y mourut en 1809.

VI. FRANÇOIS - JOSEPH - SIGISBERT FORGET DE
BARST, né à Oriocourt le 27 avril 1757; commandant d'infanterie, chevalier de Saint-Louis, officier de la Légion
d'honneur; maire de Gorze (Moselle); mort à Gorze, le
18 mars 1829.

Il épousa, le 4 octobre 1809, Marie-Geneviève-Esther

---

[1]) Grand'tante du général comte du Rocheret, chef du personnel au ministère
de la guerre, sous le maréchal Soult; mort en 1845.

[1]) D'Hozier, juge d'armes de France, lui délivra, en 1781, le certificat de noblesse nécessaire pour la faire admettre au nombre des jeunes filles nobles élevées
à la maison royale de Saint-Louis, à Saint-Cyr.

Jean Jeannot, père de l'épouse (V. note 1, page 14). D'autre part nous savons par les lettres du Bᵣ Pierre Fourier à Jean Forget, son cousin, que les parents de ce dernier vivaient encore en 1640 [1]). Rien de plus naturel que de les voir assister au mariage de leur fils célébré à Essey, le 10 septembre 1630.

Cette origine est confirmée par la tradition qui fait de Jacques Forget (commissaire-général) le frère de Jean (l'anobli), puisque nous trouvons, dans les registres d'Essey, la mention de la naissance d'un fils d'Eloy Forget qui reçut au baptême le nom de Jacques (4 février 1615).

En même temps se trouve expliquée la parenté de Jean Forget avec le Bᵣ Pierre Fourier, qui l'honore dans ses lettres du nom de cousin. Lucie Fourier était sans doute issue de la famille paternelle de l'Apôtre lorrain.

Nous admettrons donc, jusqu'a preuve du contraire, que Jean Forget est l'aîné de tous les enfants d'Eloy Forget et de Lucie Fourier, dont on a retrouvé les actes de baptême dans les registres de la paroisse d'Essey, et que sa naissance précède l'année 1611, époque où l'on commença à tenir ces registres.

Le tableau généalogique ci-joint a été dressé dans cette hypothèse.

---

[1] « Je voudrais bien savoir comment se portent maintenant M. votre bon père et Mᵐᵉ votre pieuse mère. » (Lettre du 1 mars 1640, n. 1431, p. 543 du Recueil autographié).

ELOY FORGET
admodiateur et receveur de la Seigneurie d'Essey.
Ep. Lucie Fourier

| I. JEAN FORGET conseiller d'État, 1er médecin du duc Charles IV de Lorraine Ep. 1630 Claude Jeannel. | Georges bapt. le 7 août 1612. | Jacques Forget bapt. 4 février 1615 commissaire général. Ep. Marie Pierrat. | Eric bapt. 8 avril 1617. | François bapt. 22 août 1619. | Anne bapt. 31 mai 1620. | Henry Forget bapt. 25 septembre 1623. Ep. Elisabeth Sollier. | Chrestienne bapt. 16 octobre 1627 morte 19 janv. 1633. |

Marie-Elisabeth
Ep. Jean-François de Grandors

| CHARLES FORGET prévôt de Viviers 1664-1665. | II. Chrestien-François Forget bapt. 28 février 1633 ; mort vers 1707. Ep. 1659 Anne de Rockenheim. | Mathieu Forget bapt. 13 août 1634. |

III. FRANÇOIS-NICOLAS FORGET DE BARST 1662 † 1742. Prévôt de Viviers. Ep. 1682 Anne Catherine de Bussélot.

Jacobée Forget Ep. Jean-HenryDumont.

(LIGNE AÎNÉE)
IV. Jean-Henry Forget de Barst de Bouillon 1689 † 1768. Lieuten.-génér. et sub-délégué à Bousonville. Ep. Charlotte de Cailloux de Valmont.

(LIGNE CADETTE)
IV. Charles-Gaspard Forget de Barst 1695 † 1749. Prévôt de Bousonville. Ep. Marie-Marguerite Magnien.

| Charlotte Dme de Gillot. | Anne Dme de Cailloux. | | Aubert capne au Rég. de Berg. | |

(BRANCHE AÎNÉE)
V. François-Guillaume-Henry de Bouillon 1722 † 1784. Mestre de camp. Ep. Françoise de Walkringen.

(BRANCHE CADETTE)
V. Charles-Eloy-Ferdinand d'Hammerstroff 1726 † 1790. Lieut.-génér. et subdélégué. Ep. Marie-Thérèse de Veyder-Malberg.

V. Charles-Joseph-Xavier de Barst 1726 † 1772. Lieut.-colonel. Ep. M. Elisabeth-Ch. du Rocheret.

| C.tesse de Rouey. | Dme de Vigneulles. | Dme de Ste Marie. | Dme O'More. | 6 autres enfants. | Dme de Heyssen. |

(Rameau Autrichien)
VI. J.-Henry de Barst 1756 † 18....; major aut. Ep. N. de Nalas.

(Rameau Français)
VI. Fr-Charles-Joseph Forget de Barst 1764†1821 Ep. Reine-Sophie de Châtillon

VI. Guillaume-Henry-Ferdinand de Bouillon. 1757 † 187.... Ep. Cécile Maestn.

Charles-Eloy-Ferdinand baron de Forget 1772 † 182...

VI. Joseph-Sigisbert de Barst 1757 † 1829. Commandant d'infant.ie Ep. M. Geneviève le Duchat.

| Dme Pignot. | | | Dme Re Veyder. | Dme de Dermont. | 3 autres enfants. | 0 autres enfants. |

VII. Marie-Louis-François Ferdinand Forget de Bouillon 1797 † 1825.

| Fanny de Bouillon. | Marie-Antoinette Eléonore Forget Dme Pierragues. | 8 autres enfants. |

VII. Henry Forget chev. de Barst né 1818; col. hongrois et 4 autres enfants.

VII. Charles-Gabriel-Ferdinand Forget de Barst 1790 † 1877 Commandant du Génie. Ep. Marie-Pauline Blanchard.

2 autres enfants.

Grégoire-Auguste Pierragues Ep. Marie-Françoise-Ursule Pascal, de Cagnes Dont 4 enfants baptisés à la paroisse de Saint-Roch de Nice.

2 autres enfants

| Jeanne Dme Alfred Holtzapfel. | VIII. Charles-Joseph-Alfred Forget de Barst né le 21 décembre 1833. | Ernest 1832 † 1855 s.-lieut. d'inf.ie |

PIÈCES JUSTIFICATIVES

ARMOIRIES CONCÉDÉES À JEAN FORGET
PAR LE DUC CHARLES IV. DE LORRAINE
D'APRÈS LES LETTRES PATENTES DU 24 AOÛT 1630.

qui sont : *party en face de gueulle soubz azur, à une colombe d'argent environnée de trois estoilles d'or, deux en chef
et une en poincte, timbré de la colombe de l'escut, tenant en
son bec un rameau de laurier de sinople, issant d'un torty
d'or, d'azur, d'argent et de gueulle, le tout porté d'un
armet mort, couvert d'un lambrequin aux méttaulx et couleurs susdittes.* Sy donnons en mandement à tous noz ma-
reschaulx, séneschaulx, bailliz, président et gens de noz
Cours souveraines et de noz Chambres des Comptes
de Lorraine et Barrois, procureurs généraulx, prévostz,
maieurs, leurs lieutenans et substitutz, et autres noz officiers, justiciers, hommes et subjectz, présens et à venir,
et à chacun d'eulx comme à luy appartiendra, que de
noz présents annoblissement, octroy, permission et volonté, et de tout le contenu cy dessus, ilz fassent, souf-
frent et laissent ledit JEAN FORGÈT, sesdits enfans, postérité et lignée, descendus en loial mariage, jouyr et
user pleinement et paisiblement, sans en ce leur faire
ne souffrir estre fait, mis ou donné aucun trouble, des-
tourbier ou empeschement au contraire, lesquelz, si
fait, mis ou donné leur estoient, facent mectre inconti-
nent et sans dilay à pleine et entière délivrance et au
premier estat et deu, pourveu qu'ilz continuent de
vivre noblement. Car ainsi nous plaist. Nonobstant
quelconques ordonnances, éditz, statutz, mandements et
deffences à ce contraires, à quoy nous avons, pour ce
regard et sans préjudicier en autre chose, dérogé et
dérogeons par ces présentes. Prions et requérons tous
roys, princes, ducz, marquis, comtes, barons et autres
seigneurs, noz affins, alliez, amis, et bienveillans, que de
l'honneur, degré, rang et privilège de noblesse, et de
tout nostredit octroy susdit, ilz veullent laisser et souffrir
ledit JEAN FORGET, sadite postérité et lignée jouyr et
user pleinement, paisiblement et perpétuellement comme

4'

autre nobles ont accoustuméz de faire, sans permettre
qu'en ce ilz soient aucunement troublez ny empeschez,
et ainsi qu'ilz voudroient estre faict pour eulx et les
leurs, et que voudrions faire et ferions en semblable
cas. En tesmoing de quoy nous avons signé les présentes
de nostre main et à icelles fait mettre et appendre nostre grand seel. Donné en nostre ville de Lunéville, le
vingtquatrième aoust mille six cens trente. Signé: CHARLES.
Et sur le repli est écrit: Par Son Altesse, etc. Contresigné
C. de la Ruelle. Registrata idem, pro J. Courcol.

Enrégistrement à la chambre des comptes de Lorraine

Les lettres de noblesse escrite d'autre part qu'il a
pleu à L'Altesse de nostre très redoubté et souverain seigneur Monseigneur le duc de Lorraine, Marchis, duc de
Calabre, Bar, Gueldres etc. donner confêrer et octroyer
au Sr Jean Forget natif de son pais et docteur en médecine, ayantes dès longtemps, et cejourd'huy esté pré-
sentées à nous présidant conseilleurs et auditeurs en la
chambre des comptes de Lorraine, avec autres lettres
de saditte Altesse expédiées sou son scel secrêt le 24
aoust 1630, par lesquelles son bon vouloir et plaisir auroit esté de reduire et modérer la finance de l'anoblissement dudit Forget à la somme de deux milz francs
et nous enjoindre pour premiere seconde jurer et toutes
autres jüssions finales que sans nous informer plus avant
des biens d'iceluy nous eussions à passer outre à l'in-
therinement et verification d'icelles, nonobstant tous
mandements restrictions et déffences continues et ses

edits et ordonnances faisant au contraîre, ausquelles il luy a pleu déröger, lesquelles lettres par nous veues et considérées, eu égard en outre au commandement verbal qu'il auroit pleu à saditte Altesse donner ressentiment à nous dits Président de son intention sur ces présentes. Avons les dittes lettres faict enrégistrer au greffe de la ditte Chambre pour y avoir recours, servir et valloir ce qui de raison et à leur contenue, consenti et accordé, consentons et accordons par cettes, en tant qu'il nous touche et regarde, peut toucher ou regarder sauf toutes autres choses le droict de saditte Altesse et l'autruy. Fait en laditte Chambre à Nancy le septième Septembre 1632. Les S^rs président F. Rennel, Trompette, Vincent, Chanteheu, de Girmont, Arnoult et du Bois, présents.

F. CHANTEHEU.

DOCUMENTS

existants dans les Archives de Meurthe-et-Moselle à Nancy

1518 *(6 janvier)*. Acquêt fait par JEAN FORGET, de Vaucouleurs. Comparaissent : Nobles hommes NICOLAS FORGET, écuyer, demeurant à Serocourt, se faisant fort de damoiselle Catherine de Mailli, sa femme, d'une part ; et de JEHAN FORGET, écuyer, et demoiselle Nicole, sa femme, demeurant à Vaucouleurs.......... Rappellent une donation testamentaire faite par BERTRAND FORGET, *père* de Jean et *frère* de Nicolas. (*B*. 14, f.° 262.)

1554 *(27 février)*. Office de secrétaire du duc pour ANTOINE FORGET, receveur, pour le roi, des tailles du bas pays d'Auvergne, à Yssoire, en considération des services rendus par JEAN FORGET, son *père*, procureur général de la baronnie de Mercœur pour Nicolas de Lorraine, comte de Vaudémont. (*B*. 20 f.° 1.)

1589 *(14 février)*. Dénombrement de Jean de Vaubecourt pour une part dans les rentes en vin de Foug, à lui échue par la mort de JEAN de FORGET, en son vivant écuyer, et de damoiselle Ysabeau de Poiresson, ses père et mère *grands*, quand ils vivaient demeurant à Vaucouleurs ; lesdites rentes partageables avec Claude et Théodore les de Forget........ (*Trésor des Chartes de Lorraine*, layette La Mothe IV, n. 2.)

1628 *(19 février)*. Reprises de Marie Huart, veuve de Lantwin de Bockenheim, vivant capitaine à Siersberg, en son nom et au nom de ses enfants, pour la seigneurie de Hummerstorff (Kerprich-Hemmerstroff.) Cet acte est mentionné dans celui du 30 janvier 1772, rapporté ci après à cette date. (*B*. 103, f.° 42 v.°.)

1713 *(27 janvier)*. Arrêt de la Chambre des Comptes de Lorraine par lequel FRANÇOIS FORGET, écuyer, seigneur de Barst, prévôt, receveur et gruyer de la baronnie de Viviers, au nom et comme héritier bénéficiaire d'Anne de Bockenheim, sa mère, fille du sieur Remacle de Bockenheim, et demoiselle Jacqueline Malclerc, ses aïeul et aïeule, est rétabli en possession d'une maison de fief dans l'enceinte du château de Siersberg etc. (*B*. 11, 442.)

1713 *(5 juin.)* Reprises de JEAN-HENRY FORGET, licencié ès droits et avocat en la Cour souveraine de Lorraine et Barrois, pour la terre et seigneurie de la mairie de Buren, le quart de celle de Kerprich-Heymestroff et d'Itzbach..... une maison de fief située dans le château de Siersberg etc. (*B*. 133, f.° 40 v.°.)

1715 *(1 mars)*. Acensement à JEAN-HENRY FORGET, seigneur de Buren, Kerprich-Heimestroff, Itzbach et du fief de Siersberg, des trois quarts des terres et seigneuries de

Kerprich–Heymerstroff, Itzbach, dont l'autre quart lui appartenait déjà en vertu d'arrêt de la Chambre des Comptes du 27 janvier 1713. (*B.* 11,047, n. 13.)

1716 *(15 mars).* Lettres patentes de Léopold par lesquelles il cède et abandonne à HENRY FORGET, seigneur de Barst, du fief de Siersberg, de Buren et d'Itzbach, les droits de colombier et de troupeau à part à lui appartenant dans le village de Buren. (*B.* 219, n. 130.)

1723 *(6 janvier).* Décret par lequel ELOY- FERDINAND DE BOUILLON, fils majeur, demeurant à Saint-Nicolas, est exempté de la subvention et des autres charges publiques, à condition qu'il ne fera aucun commerce. (*B.* 224, n. 2.)

1724 *(16 juillet).* Le duc Léopold confirme l'adoption faite par Eloy-Ferdinand de Bouillon, de HENRY FORGET DE BARST, écuyer, seigneur d'Itzbach, Kerprich-Hemmerstroff, âgé d'environ 36 ans, lui permettant d'ajouter à son nom celui de BOUILLON. (*B.* 163, f.° 107.)

1725 *(17 août).* Brevet de capitaine à la suite de ses troupes, donné par Léopold à AUBERT FORGET DE BARST, lieutenant au régiment de son fils (le prince François-Etienne) au service de l'Empereur; s'était distingué dans les dernières campagnes de Hongrie, après avoir servi dans la compagnie des Cadets-gentilshommes. (*B.* 166, f.° 13.)

1725 *(31 août).* Office de prévôt, gruyer, chef de police de Siersberg et bailli de Mertzig et Sargau pour JEAN-HENRY FORGET DE BARST DE BOUILLON, écuyer, seigneur de Buren, Heimerstroff, etc. (*B.* 227, n. 221.)

1726 *(5 mars).* Procès-verbal fait par le sieur FORGET DB BARST, écuyer, seigneur de Kerprich prévôt, chef de police et gruyer de Siersberg, bailli du duc à Mertzig et Sargau, au lieu de Reling, des papiers trouvés en la maison de Jean-Jacques Artois, substitut en la gruerie de Siersberg. (*Trésor des Charles de Lorraine*, layette Siersberg. V. n. 2.)

1728 *(29 août.)* Testament d'ELOY-FERDINAND DE BOUILLON; donne une pension à la mère Forget; un bijou à Aubert de Barst son cousin, capitaine pour S. M. Impériale; nomme Jean-Henry, son fils adoptif, son éxécuteur testamentaire.
Est question de François de Barst, ci devant capitaine-prévôt de la baronnie de Viviers. (*Papiers des religieuses de la Congrégation de Saint-Nicolas, H. 2593.*)

1731 *(13 mars).* Arrêt du Conseil par lequel JEAN-HENRY FORGET DE BARST DE BOUILLON, prévôt de Siersberg et bailli de Merzig et Sargau, demeurant à Heymestroff. est admis à jouir des franchises accordées par les mandements de la subvention aux seigneurs hauts-justiciers. (*B.* 233, n. 107.)

1731 *(14 avril).* Office de capitaine, prévôt et gruyer dans les prévôté et gruerie de Bouzonville pour CHARLES-GASPARD FORGET DE BARST. (*B.* 233, n. 122).

1732 *(10 décembre.)* Reprises de JEAN-HENRY FORGET DE BARST DE BOUILLON, seigneur de Hemmerstroff et autres lieux, bailli de Merzig et Sargau, en qualité d'homme vivant, mouvant et confiscant, présenté par les religieux de Bouzonville, pour une part de seigneurie à Edling, un breuil seigneurial dépendant du Château-Rouge, etc. (*B.* 174, f.° 163 v.)

1736 *(7 août.)* Acensement à CHARLES-GASPARD FORGET, écuyer, seigneur de Barst, prévôt, gruyer et chef de police de Bouzonville, de 311 arpents à prendre dans la forêt de Kallenhoven. (*B.* 11,066, n. 163.)

1742 (*11 mai*). Donation faite par ELOY-FERDINAND DE BOUILLON en faveur de la confrérie du Sacré-Cœur, fondée en l'église de St.-Nicolas par Barbe Voirin, sa mère, veuve de François Forget de Barst, écuyer, capitaine prévôt, gruyer et receveur de la baronnie de Viviers. (*H.* 286.)

1751 (*29 octobre*). Office de lieutenant général civil et criminel au bailliage de Bouzonville pour JEAN-HENRY FORGET DE BARST DE BOUILLON, écuyer, prévôt de Siersberg, etc. (*B.* 196, n. 88.)

1753 (*3 juillet*). Office de lieutenant-général civil et criminel au bailliage de Bouzonville pour CHARLES-ELOY-FERDINAND FORGET DE BARST D'HEIMESTROFF, écuyer, avocat à la Cour et subdélégué au baillinge de Bouzonville, Merzig et Sargau, par la démission de Jean-Henry, son père. (*B.* 197, n. 67.)

1766 (*20 juin*). Arrêt qui subroge au bénéfice du contrat d'acensement du 1er mars 1715 FRANÇOIS FORGET DE BARST DE BOUILLON, écuyer, chevalier de l'ordre royal de Saint-Louis, capitaine et premier factionnaire au régiment de Nassau cavalerie légère pour le service de France, en garnison à Bouquenom , seigneur de Kerprich-Hemmerstroff, Buren, Itzbach, Furst, Folchwiller, Lelling et Alsing. Il rappelle dans sa requête François Forget, son ayeul et Jean-Henry, son père. (*B.* 11,334.)

1772 (*25 janvier*). Foi et hommage de CLAUDE LE DANS SAINTE-MARIE et FRANÇOISE FORGET DE BARST, son épouse, seigneur et dame de la terre et seigneurie d'Itzbach, Buren et le fief de Siersberg. (*B.* 11,007, n. 284 et 285.)

1772 (*25 janvier*). Foi et hommage de CHARLOTTE FORGET DE BARST, douairière de François de Roussy, chevalier, seigneur de Saint-Oswald et de Beckerholtz, par le Sr François Forget de Barst de Bouillon, son frère, etc., pour la terre et seigneurie de Saint-Oswald et Beckerholtz. (*B.* 11,007, n. 286 et 287).

1772 (*25 janvier*). Foi et hommage de FRANÇOIS FORGET DE BARST DE BOUILLON, écuyer, seigneur de Kerprich-Heymestroff, chevalier de l'ordre royal et militaire de Saint-Louis, ancien capitaine au régiment de Nassau cavalerie, pour la terre et seigneurie de Kerprich (*B.* 11,007, n. 288.)

1772 (*30 janvier*). Foi et hommage de FRANÇOIS FORGET DE BARST DE BOUILLON, écuyer, seigneur de Kerprich-Heymestroff, chevalier de l'ordre royal et militaire de Saint-Louis, ancien capitaine au régiment royal Nassau cavalerie, pour la dite terre de Kerprich-Heymestroff etc. . . . . Signature : Forget de Barst de Bouillon. Cachet. (*B.* 11,040, n. 84.)

1778 (*6 février*). Arrêt par lequel les enfants de feu JEAN-FRANÇOIS DE ROUCY et leurs descendants sont maintenus en possession de prendre le titre de chevalier, et CHARLOTTE FORGET DE BARST, sa veuve, de continuer, en sa qualité de douairière, de l'ajouter aux autres qualifications de son mari. Joint la généalogie de la famille de Roucy. (*B.* 265, n. 39.)

1778 (*s. d*). Requête de CHARLOTTE FORGET DE BARST, douairière de François de Roucy, chevalier, seigneur de Beckerholtz et Saint-Oswald, portant que, le 25 janvier 1772, il lui a été permis de rendre, par le sieur François Forget de Barst de Bouillon, son frère, ses foi et hommage pour la seigneurie de Beckerholtz et Saint-Oswald. (*B.* 11, 032.)

DOCUMENTS BIOGRAPHIQUES

Mémoire des services de François Forget de Barst de Bouillon, baron de Bockenheim.

Lieutenant en second au régiment de Royal Suédois, le 6 janvier 1744.

A obtenu la commission de Capitaine Commandant, a levé et mis sur pied une Compagnie dans Nassau-Infanterie, le 1er nov. 1745.

A obtenu la Commission de Capitaine au régiment de Nassau-Usingen (cavalerie) le 2 mars 1748.

Nommé Capitaine en pied dans les volontaires royaux de Nassau-Sarrebruck, il a levé et mis sur pied sa compagnie composée de 75 maîtres, les a habillés, équipés et montés à ses frais le 11 avril 1758.

A fait les campagnes de Flandre où il s'est montré avec distinction, lorsque le prince Charles s'empara des lignes de Wissembourg, à l'attaque de Donawert, à la levée du siège du château de Requersoff, à l'attaque faite par le prince Charles au passage du Rhin et au siège de Mæstrich.

A fait toutes les campagnes de la dernière guerre du Hanôvre en 1758. Lorsque l'ennemi vint de Varrebourg pour prendre le camp de Hesse-Cassel, il fut chargé de soutenir un poste important avec un gros détachement à Vestroff, pour favoriser la retraite de Mr Dumesnil qui s'est replié sur Cassel.

En 1759, il fut envoyé avec un détachement considérable à la poursuite de l'ennemi qui avait été forcé de changer de position et de quitter les hauteurs de Korbach ; il eut dans l'action son cheval tué sous lui, fit 120 prisonniers et prit 30 chariots d'équipage.

En 1760, il s'est trouvé à la bataille de Lutzenbourg ; il poursuivit l'ennemi dans les gorges de Minden en Hanôvre, lui prit deux pièces de canon, plusieurs chariots de munitions et fit bon nombre de prisonniers.

Chevalier de l'Ordre de Saint-Louis le 11 juillet 1760.

En 1761, il commanda en qualité de Lieutenant Colonel à Göttingen, sous les ordres de Mr le comte de Vaux. Ce fut lui qui donna le projet d'attaquer l'ennemi à Guillet. Il lui prit 80 chevaux et fit quantité de prisonniers.

En conséquence de ses services, il obtint le brevêt de Mestre-de-Camp de Cavalerie, le 3 juin 1779.

Mort, le 25 avril 1784, dans la Nied, en se portant au secours de son fils en danger.

Acte de naissance de François-Nicolas Forget de Barst.

A esté baptisé le Sr François Forget fils de legitime mariage d'entre messire et discrette personne noble François Forget capitaine prévôt en la baronnie de Vivier et de noble damoiselle Anne de Bockenheim son epouse, lequel a eust pour parrain messire François Ronsin, de son vivant prêtre, curé de Lesse & et pour marraine très noble damoiselle Françoise de Magny, dame de Lesse en partie, ce jourd'huy unzième du mois d'aoust 1662. *(Extrait des reg. de la paroisse de Lucy).*

Acte de naissance de Jean-Henry Forget de Barst de Bouillon.

Jean-Henry, fils du Sʳ François Forget, seigneur de Barge (Barst) et de demoiselle Anne–Catherine Busselot son épouse, est né au dit Barge le dix septièmme de février mil six cent quatre vingt et neuf et a été ondoyé le lendemain dans la paroisse du dit lieu, et le trentiemme du mois de may de la même année les cérémonies ont été faites dans l'Eglise du Prieuré de Viviers, par le soussigné curé de Tincry et du dit Viviers, dans les quelles cérémonies le Sʳ Jean-Henry Dumont, advocat en Parlement, résidant à Nommeny a été parrain et pour marraine demoiselle Anne–Rosine, femme du Sʳ Joseph-Louis Busselot, seigneur de Lesse, qui se sont soussignés: Dumont, Anne–Rosine Lallemand, Bellaire, curé a Tincry. *(Extrait des reg. de la paroisse de Tincry).*

Acte de décès de Jean-Henry Forget de Barst de Bouillon.

Anno 1768, 6 junii in Sᵗᵘ Oswald obiit omnibus sacramentis munitus nobilis dominus Johanne-Heinericus Forget etc. ante dominus temporalis de Kerperich-Hemmersdorff, Büren, Itzbach, Folsweiller, Alzing etc., criminalis regii belliviatus Bouzonvillani judex vulgo *lieutenant général* uti et satrapa in Merzig et Saragau, aetatis suae 80 et in choro nostro veteri sepultus est. Sic Mai pastor in Kerperich-Hemmersdorff. [1]

Acte de décès de François Forget de Barst de Bouillon.

Anno millesimo septingentesimo octuagesimo quarto, die 25 aprilis circa horam matutinam nocturnam octidem post suam confessionem et comunionem paschalem cum equo improviso in flumine Nied *(auprès de Wakmülh, venant de Schwerdorf),* submersus obiit et ejusdem die in Kerprich–Hemmersdorff, prope valvos ecclesiae a K. D. decano Druin et pastore in Grosh-Hemmersdorff, sepultus est dominus temporalis de Kerprich–Hemmersdorff, eques ordinis Sancti-Ludovici et equitum Nassaviae praefectus, *(mestre de camp de Cavalerie)* anno aetatis suae 62, maritus dominae Fransciscae de Wolkring; testes fuere: Petrus Monter *(maire)* et pastore Druin, et dominus Guillelmus-Heinericus–Ferdinandus Forget de Barst de Bouillon *fils ainé* defuncti, *major dans le régiment des chevaux legers.* Sic Mai pastor. [2]

Acte de naissance de Charles-Eloy-Ferdinand Forget de Barst de Bouillon.

Anno millesimo septingentesimo septuagesimo primo, die 30ᵐᵃ decembris circa horam undecimam vespertinam natus et prima Januari anni 1772, hic a me infrascripto solemniter baptizatus fuit Carolus-Eligius-Ferdinandus, filius legitimus prae-

---

[1] *Extrait des registres de la paroisse de Kerperich-Hemmersdorff, conservés dans les archives de la bürgermestrie de Nied-Altdorf.*

[2] Idem.

nobilis domini Forget de Barst de Bouillon, domini de Kerprich-Hemmersdorff, equitis ordinis Sancti-Ludovici et equitum Nassaviae praefecti, *mestre de camp de cavalerie*, et dominae Franciscae de Wolkring, Theoniae Villae, coniugem pariter de Kerprich-Hemmersdorff; patrinus fuit praenobilis dominus Carolus-Eligius-Ferdinandus Forget de Barst de Gross-Hemmersdorff satrapa et praeses concilii regii baleoviati Busonisvillae et grand-bailli de Merzig et Saargau, matrina Francisca-Carolina-Theresia nata de Barst, vidua praenobilis domini Francisci de Roussy, domina in Beckeroltz et Saint-Oswald, in cujus rei actum se subscripsere pater et patrini:

FORGET DE BARST d'Hemmersdorff;

CH. Doyaire DE ROUSSY née DE BARST;

FORGET DE BARST DE BOUILLON, pater;

MAY, curé à Kerprich-Hemmersdorff. [1]

Acte de sépulture de Jean-Henry comte de Roussy.

Anno 1790, 10 aprilis obtenta a domino Rock procuratore regio Bousonisvillae licentia hic in cœmeterio inhumatum fuit cadaver domini comity de Roussy domini temporalis de Kerperich-Hemmersdorff. Ita pastor Mai de Kerprich Hemmersdorff. [2]

Acte de mariage de Henry-Guillaume Forget de Barst de Bouillon.

Ce jourdhuy le dix huit juin mil sept cent quatre vingt treisses, l'an deux de la République française à sept heures du soir sont comparut en la maison commune de Metz par devant mois Richard Lhoste suplant de lofficier publique et membre du conseille general de la Commune soussigné son comparut pour contractere mariage Dune part Entre *Hanrie Guillaume Forget Barche Bouillion*, ensien officier de chevots légée ressidant à Reling distrique de Sarlouis Departement de la Moiseille, fils majeur agée de vingt six années de defun *François Forget Barst De Bouillon*, mestre de camp de cavallerie, et de *Françoise Bouillon Volkring* ses pères et mère, D'Eautre pare *Elisabeile Cécille Massin*, fille majeure agée de viengt troit anné demeurant Rüe des huillier, fille de *Charles François Massin* homme de loy et de *Marie Françoise Dessantie* sont epouse ses père et mère ressidant rüe des huillier Section de la Seille, lesquelles future assistée des Sitoyen . . . . après avoir fait lecture en pressance des parties et des temoins 1° de l'acte de nessance du future née à Hemmerstrofe le cinq juin mil sept cent soissante sept 2° de l'acte de naissance de la future née à Gorse le treisse juin mil sept cent soissante dix . . . . Et aprée enfain les dites Enrie Villaume Forget Barte Bouillon et Elisabeitte Secille Massin ont declarée à haute voix quilles se prennet en mariage, gée en leur pressance et en ceille des dittes témoins prononncé au nom de la Loy qu'il sont hunie en mariage Dequoy j'ai redigée à linstant le pressant acte . . . . . . Signé: forget barst bouillon, Elisabeth Cécile Massin, Massin.... et R. Lhoste.

Pour extrait certifié conforme, dont l'orthographe est identique à l'original. Metz, le 18 janvier 1882.

L'officier de l'Etat civil délégué
DISS.

---

[1] *Extrait des registres de la paroisse de Kerperich-Hemmersdorff, conservés dans les archives de la bürgermestrie da Nied-Altdorf.*

[2] Idem.

Acte de décès de Marie-Louis-François-Ferdinand Forget de Bouillon.

L'an mil huit cent vingt cinq le vingt deux août, à neuf heures du matin, devant nous Augustin Benoit Joseph Linque, adjoint du Maire d'Arras et officier de l'État-civil par lui délégué : Sont comparus : Léon Bolvin, sergent major et Alexandre Borrelvivier, sergent au premier régiment du génie, majeurs, demeurant en cette ville, où ils tiennent garnison; les quels nous ont déclaré que Marie-Louis-François-Ferdinand Forget de Bouillon, sergent a susdit corps, agé de vingt sept ans, né à Metz (Moselle) en garnison à Arras, fils de feu Henry Guillaume et de vivante Elisabeth-Cécile Massin, est décédé en célibat, avant hier, à dix heures du matin, à la citadelle, et ont, les déclarants, signé avec nous le présent acte après lecture faite (signé) Bolvin, Borrelvivier, Linque adjt. [1]

Acte de mariage de Marie-Antoinette-Eléonore Forget de Barst.

Anno Domini millesimo octingentesimo sexto, die quindecimo mensis martii, ego pater Augustinus Gennari parochus catholicorum Odessae praemissis praemittendis, nulloque impedimento detecto matrimonio, coniunxi nobilem virum Josephum Pierrugues, filium domini Augustini Pierrugues et dominae Theresiae ex Cagna in dipartimento Provintiae, cum nobili femina nubili Antonietta Forget, filia domini Caroli Forget et dominae Mariae ex Galliis. Testes fuerunt : Stephanus Telesnicki Jacobus Spiro et Cajetanus Guglieckmicz. [2]

Acte de naissance de Grégoire-Auguste Pierrugues.

L'an mil huit cent six, je soussigné, ai baptisé Grégoire-Auguste né le dix sept novembre, fils legitime de M·· Joseph Pierrugues négotiant et de dame Marie-Antoinette-Éléonore Forget. Le parrain a été son Excellence Grégoire de Baranoff et la marraine demoiselle de Baranoff qui ont signé avec nous et le père.

L'enfant a été baptisé le 30 du présent mois. Signé : Kien, curé de Saint-Louis; Grégoire de Baranoff; Barbe de Baranoff; Joseph Pierrugues. [3]

Certificat de mariage de Grégoire-Auguste Pierrugues.

Nous, chevalier Masclet, consul de France à Nice, faisant fonctions d'officier de l'État-civil, certifions et attestons qu'une célébration de mariage a eu lieu aujourd'hui dans toutes les formes voulues par la loi, en la chancellerie de notre Consulat, entre M. Auguste-Grégoire Pierrugues, né à Moscou (Russie), de parents

---

[1] *Extrait des registres de l'État Civil de la ville d'Arras.*
[2] *Extrait des registres de l'église catholique romaine d'Odessa.*
[3] *Extrait des registres de l'église catholique romaine de Saint-Louis-des-Français à Moscou.*

français, fils de feu Joseph Pierrugues et feu dame Marie-Antoinette-Éléonore Forget, d'une part: Et demoiselle Marie-Françoise-Ursule Pascal, de Cagnes fille du sieur Jean-Joseph Pascal, docteur en médecine et dame Marie-Françoise Scudier, d'autre part. En foi de quoi nous avons délivré le présent.

Nice, le 26 novembre 1831.

Chev. Masclet.

Acte de naissance de Thérèse-Adelaïde Pierrugues.

L'an mil huit cent huit le troisième jour de mars, je soussigné curé de l'église paroissiale apostolique romaine de Saint-Louis à Moscou ai suppléé les cérémonies du baptême à Thérèse-Adelaïde, baptisée par moi soussigné curé, le premier du courant, née le dix huit février présente année, du légitime mariage de M. Joseph Pierrugues négotiant et de dame Marie-Antoinette Éléonore Pierrugues née Forget. Le parrain a été M. Louis de Fauriac négotiant en cette ville, la marraine dame Elisabeth Cola, qui ont signé au présent registre avec le père et nous. Louis de Fauriac, Elisabeth Cola, Joseph Pierrugues père, Kica curé. [1])

Acte de décès de Thérèse-Adelaïde Pierrugues.

L'an mil huit cent neuf, le septième jour du mois d'avril est décédé à l'age de treize mois et demi, et le dixième jour du même mois a été inhumée dans le cimetière des Catholiques à Moscou Thérèse-Adelaïde Pierrugues fille légitime de Joseph Pierrugues négotiant et de dame Marie-Antoinette Éléonore Forget en présence de M. Jean-Léonard-George Kica ancien curé de l'église Catholique de Saint-Louis et d'Antoine Minciacchi lesquels ont signé au présent régistre avec nous chanoine et curé soussigné. A. Minciacchi, Kica ancien curé, Surugue chan. et curé de Saint-Louis. [2])

Acte de naissance de François Pierrugues.

L'an mil huit cent douze le dix septième jour du mois de juillet, vieux style, est né, et le vingt huitième du même mois a été baptisé par nous prêtre soussigné Francois Pierrugues, fils légitime de M. Joseph Pierrugues instituteur et de dame Marie Antoinette Eléonore Forget son épouse, il a eu pour parrain Francois de Musiel ancien officier au service d'Autriche, et pour marraine Marie-Hélène de L'Aigle, femme de Francois de L'Aigle qui ont signés avec le père de l'enfant, et nous.

Francois de Musiel, Marie de L'Aigle, Joseph Pierrugues, de Malherbe prêtre. [3])

---

[1]) *Extrait des actes de baptême de la paroisse catholique romaine de Saint-Louis a Moscou.*

[2]) Idem.

[3]) Idem.

Lettre de Charles-Eloy-Ferdinand Forget de Barst de Bouillon

À Mʳ le Curé d'Hemmersdorff

Kaminka le 1ᵉʳ Janvier 1818.

Pardonnez à un malheureux émigré depuis 25 ans hors de sa patrie, d'oser vous prier d'avoir la bonté de lui faire parvenir quelques renseignements sur sa famille.

Je suis Charles-Eloy-Ferdinand Forget de Barst de Bouillon né à Kerprich-Hemmersdorff. Mon père etait François Forget de Barst de Bouillon, mestre de Camp de cavalerie et chevalier de Saint-Louis, seigneur de votre paroisse, ma mére etait Françoise de Volkring de Thionville ; mon pére s'est noyé malheureusement dans la Nied. J'avais un frère ainé Guillaume de Bouillon et une soeur. Aprés la mort de mon pére, ma mére a vendu sa terre à la famille de la Roche et a depuis demeuré à Reling. Comme depuis 25 ans, je n'ai pas de nouvelles de ma famille, j'ai pris le parti de vous adresser cette lettre, etant bien persuadé, monsieur le curé, de votre humanité et que vous aurez la bonté de communiquer ma lettre à ceux de mes parents desquels vous pourrez prendre connaissance ou qui pourraient encore se trouver dans vos environs.

J'adrèsse en même temps une lettre au Gross—Hemmersdorff de l'autre côté de la riviére à mes cousins de Barst. Dieu veuille qu'ils y soyent encore. Dans tous les cas j'espère que celle-ci vous parviendra et que vous voudrez bien ne pas me refuser à cet égard tout ce que l'humanité doit à l'infortune et au malheur. Veuillez donc Monsieur le curé faire quelques recherches sur ma famille et leur faire communiquer cette lettre. Je demeure chez Madame la générale Davidow à Kaminka près de la ville de Kion en Ukraine. Je vous envoie mon adrèsse sous trois enveloppes au cas où je serais assez heureux d'obtenir une réponse, elle me parviendra bien surement. Ayez la bonté de m'informer si mon frére est encore en vie et où il se trouve.

CHARLES FORGET.

P. S. La réponse à cette lettre doit être enfermée dans une triple enveloppe, portant chacune une adresse distincte savoir:

1º M. U. Hausner et Violandi négotiants à Brody en Autriche.

2º M. Forheger négotiant à Odessa sur le mer Noire pour faire parvenir à Madame la générale Davidow à Kaminka.

3º M. le Baron de Forget à Kaminka.

Passeport accordé au Sieur de Barst de Bouillon en qualité d'Envoyé à la cour de Trèves du 16ᵉ Juin 1730.

Franciscus III Dei gratiâ Dux Lotharingiae, Rex Hierosolimae, Marchisus, Dux Calabriae, Montisferrati, in Silesiâ Teschenae etc… Princeps Carolopolis, Marchio Mussiponti et Nomenei, Comes Provinciae Valdemontis, Albimontis, Zutphaniae, Sarwerdenae, Salmae, Falkenstenei etc… Omnibus has visuris, salutem. Discessurus abhinc et negotiorum nostrorum causâ Treviros profecturus, hisce verò peractis ad aulam nostram reversurus, Nobilis, sincerè et fideliter nobis Dilectus de Barst de Bouillon, Mertzigensis et Sargauviensis proeses noster supplicari nobis fecit, ut ipsius securitati per litteras Salviconductus nostri prospicere dignaremur, cujus precibus benignè annuentes omnes et singulos, quorum interest, pro status et dignitatis differentiâ decenter requirimus, ut ipsi cum equis, armis, rhedâ sarcinis et rebus omnibus ad ipsum spectantibus, ubique locorum liberum et impraepeditum concedere transitum, spatiumque commorandi indulgere non graventur, paria vicissim datis occasionibus officia nostra experturi, quod idem subditis nostris, cujuscumque gradûs aut praerogativae et quocumque officio publico vel privato constitutis seriô praecipimus, pro gratiâ nostrâ secus non facturis. In quorum fidem praesentes manu nostra subscriptas sigillo nostro muniri mandavimus. Datas in urbe nostra Lunevillae die decimâ sextâ mensis Junii anno D⁼ 1730.   FRANCISCUS.

Ad mandatum suae Regiae serenitatis proprium
    TOUSSAINCT

Certificat donné par Mrs les Commandant et Président de Sarrelouis le 25 Janvier 1736.

Nous, chevalier de l'ordre militaire royal de St-Louis, lieutenant pour le Roy, commendant pour sa majesté en la ville de Sarrelouis et Mre Jacque Remy de Requin, écuyer, conseiller du Roy, lieutenant général au Baillage et siège présidial de la ditte ville, y estant subdélégué, certiffions et attestons à tous ceux qu'il appartiendra que le sieur de Barst de Bouillon, ecuyer, seigneur d'Heimerstroff, capitaine prévôt de Siersberg et bailly pour S. A. R. à Mertzig et Sargau, depuis le commencement de la présente guerre jusqu'à présent, s'est rendu sur les frontières d'icy à Trèves à tous les passages des trouppes du Roy, tant pour le soulagement des sujets de Lorraine que pour le service pressant des troupes de S. M.; et que le même Sr de Barst a fait faire les chaussées depuis Dilling à Losheim et à Mertzig, de tout quoy il s'est acquitté avec satisfaction et louange, et qu'en l'année dernière faisant la visite des chemins, des chevaux, des batteaux sur la Sarre depuis Mertzig à Metloch, avec le sieur de Boudet, chargé de cette commission de la part de la France, ledit Sr de Barst par une chutte de cheval se serait cassé un bras et démis une épaule, de quoi il aurait été allité pendant un très long temps en l'abbaye dedit Metloch et de suite chez luy; ce qui est de nostre parfaite connaissance, que ledit Sr de Barst de Bouillon est journellement en campagne pour le bien des sujets de sa dépendance avec une exactitude sans égalle, ce que nous certifions véritable. En foy de quoy avons signé les présentes ety apposés le scel royal dudit siège. Fait à Sarrelouis où le papier timbré n'est pas en usage le 25 Janvier 1736.

    DE MARTEL.   DE REQUIN.

MÉMOIRE

le sieur Jean-Henry Forget de Barst de Bouillon

Ecuyer, Seigneur de Kerprich-Heimestroff, Itzbach, Furgts et Buren, Capitaine-Prévôt de Siersberg, Bailly, pour le Roy, de Mertzig et Sargaw, et Subdélégué éz mêmes Jurisdictions; demandeur en Cassation de l'Arrêt de la Cour du 7 mars 1749. (Imprimé à Nancy, chez Pierre Antoine imprimeur ordinaire du roy 1751.)

————◦◦◦◇⊷◦◆◇◦◦◦————

Jean de Bockenheim, qui, en 1575, étoit Capitaine ou Gouverneur de Valdrevange, eut pour fils Ladvin de Bockenheim, qui fut Capitaine du Château de Siersberg, et qui épousa Marie Houart; il eut pour enfans, Remacle, Anne-Marie et Philippe de Bockenheim.

Le 16 Décembre 1624, Ladvin de Bockenheim fit ses reprises au Duc Charles IV et à la Duchesse Nicole, pour les Villages de Valmünster, Vilflingen, la Mairie de Buren, la Maison de Fief située dans le Château de Siersberg et leurs dépendances.

La 19 Février 1628, Marie Houart, Veuve de Ladvin de Bockenheim, tant en son nom que pour ses Enfans, fit encore au même Duc ses reprises pour les parts que feu son Mari avoit acquétées dans les Hautes, Moyennes et Basses Justice des Seigneuries de Kerprik-Heimestroff et d'Itzbach.

De ces Fiefs dépendoient les Moulins de Relling, Vackmul et Heismul, desquels Ladvin de Bockenheim avoit abandonné la moitié du produit au Souverain, et s'étoit chargé de les entretenir en bon état au moyen de la Bannalité sur différens Villages que le Souverain y avoit attachée par Patentes.

Anne-Marie de Bockenheim, fille di Ladvin, fut mariée à Claude Gennetaire, Auditeur des Comptes de Lorraine; elle est décédée sans postérité : Ainsi, qu'elle ait eu part ou non dans les Biens de Ladvin, son Pere, le fait est indifférent, puisque la portion qu'elle avoit eu est retournée à ses deux frères, Rémacle et Philippe.

Rémacle épousa Jacobée Malcler, et eut pour enfans Louis et Anne de Bockenheim; Louis épousa Marguerite Fagottin, qui eurent pour descendans François, Marguerite et Anne-Marguerite de Bockenheim : Le Sieur Forget de Bouillon, Demandeur, a aquis en 1726 leurs droits dans les Biens dont il s'agit.

Anne de Bockenheim fut mariée au Sieur François-Christien Forget; ils eurent pour enfans, le Sieur François Forget, Pere du Demandeur et Ayeul des Défendeurs, et Jacobée Forget, qui de son Mariage avec le Sieur Henry Dumont,

Procureur de SON ALTESSE ROYALE à l'ancien Bailliage de Nommeny, a laissé les Sieurs François et Henry Dumont, et les Demoiselles Odille et Françoise Dumont.

Philippe de Bockenheim, second fils de Ladvin, eut pour descendant Nicolas-Cristophe, et celui-ci, le Sieur Charles-Ferdinand de Bockenheim: Le Demandeur a encore acquêté ses droits dans les Biens dont il s'agit, par Contrat du 6 juin 1713, ils consistoient dans la moitié de ceux de la succession de Ladvin de Bockenheim.

En 1664 les revenus du Domaine du Souverain étoient regis par des Receveurs: celui de Siersberg, dans les compte qu'il rendit pour l'année 1665, fit remontrance à la Chambre des Comptes, que les Moulins de Vackmul, Heismul et Relling étoient ruinés et ne rapportoient rien, faute par les Héritiers des Sieurs de Bockenheim de les avoir réparés; il lui fut ordonné de les faire décréter; mais n'ayant trouvé personne pour s'en rendre Adjudicataire, ils furent réunis au Domaine.

Les autres Biens des Bockenheim subirent le même sort, soit à défaut de reprises faits, soit pour l'indemnité du defaut de réparations aux Moulins; cette réunion a eu lieu jusq'en 1711: Voici par quelle voye ils en ont été tirés.

Le Demandeur qui avoit été reçu Avocat à la Cour en 1709 s'etoit établi à Nancy pour se mettre en état de suivre sa profession ou de posséder un emploi.

Dans cette idée, il y fréquentoit les Audiences de la Cour et le Cabinet de l'un des plus célèbres Avocats de çe tems, qui lui procura la connaissance du R. P. Hugo, mort Abbé d'Etival et Évêque de Ptolémaïde, qui, par l'ordre du Duc Léopold, travailloit alors a Nancy à des recherches sur la nature et l'ancienneté du Duché de Lorraine, sur la Généalogie de ses Ducs et l'origine de la Noblesse des plus anciennes Maisons de Lorraine.

La Pere Hugo, qui avoit l'ouverture du Trésor des Chartres, apprit au Demandeur ce qu'avoient été les Bockenheim ses Ancêtres Maternels; il l'instruisit des Biens qu'ils avoient possédé dans la Prévôté de Siersberg et dans le voisinage, et qu'ils avoient été réunis au Domaine du Souverain qui les possédoit encore.

Il l'instruisit de plus, que Jean Forget, son bis-ayeul, premier Médecin du Duc Charles IV l'avoit suivi pendant qu'il avoit été éloigné de ses États; que le Prince de Vaudémont, Souverain alors de Commercy, fils de ce Duc, avoit reçu des services signalés de Jean Forget; enfin, il se flatta que par la bonté si connue du Duc Léopold, il pourroit parvenir à faire remettre en sa possessions les Biens de ses Ancêtres réunis âu Domaine depuis 1665.

Le Demandeur fit part au Sieur François Forget son Pere, de ses découvertes et du dessein qu'il en avoit conçu; celui-ci le blâma comme temeraire; il lui fit entrevoir les difficultés d'y réussir par la longue possession que le Domaine en avoit, par le défaut des titres justificatifs de la propriété et par les hypothéques anciennes qui pouvoient encore exister sur ces biens; enfin, par le partage qu'il faudroit en faire entre les Sieurs Dumont, issus de Jacobée Forget, et par les descendans de Philippe et de Louis de Bockenheim qui, avoient autant et plus de droit que lui sur les biens de leur Ancêtres communs.

La jeunesse est entreprenante, quelquefois jusq'à la témérité; le Demandeur ne se rebuta de rien; le Sieur Forget, son Pere, refusa de le seconder dans son entreprise; toute la grace qu'il voulut bien lui faire, fut de lui prêter son nom pour agir et pour parer à l'objection qu'on n'auroit pas manqué de lui faire, que son Pere vivant et n'agissant pas, le Fils n'avoit ni qualité ni action.

Les Sieurs et Demoiselles Dumont, représentans Jacobée Forget, avoient autant de droit que le Demandeur; il leur communiqua son dessein, et entreprit avec l'un d'eux le voyage de Siersberg, pour y prendre des connaissances sur la nature, la qualité et la consistance des Biens, et y recouvrer les Titres nécessaires pour se pourvoir: Il fallut en faire un second à Tréves; le Sieur Dumont l'y accompagna, ils en rapporterent quelques Titres contenus dans l'état, ecrit de la main du Demandeur, qui est produit au Procès.

Le peu de fruit de ce voyage degoûta les Sieurs et Demoiselles Dumont, qui refuserent de concourir à la dépense ultérieure; le Demandeur leur proposa de céder leurs droits ou d'acheter ceux du Sieur Forget, son Pere; ils répondirent qu'ils se détermineroient lorsq'ils auroient plus de connoissance qu'ils n'en avoient alors.

Le Demandeur, de retour à Nancy, fit de nouvelles recherches des Titres nécessaires; mais prévenu qu'il ne pourroit réüssir dans son entreprise sans une forte protection; ils se flatta que si le Prince de Vaudémont n'avoit pas encore oublié ce que Jean Forget son bis-ayeul, avoit fait pour lui à Bruxelles, il pourroit lui accorder la sienne en faveur du nom qu'il portoit.

Dans cette vûe il quitta Nancy, et fut s'établir à Commercy pour y faire sa Cour à ce Prince; il mit dans ses intérêts un de ses principaux Officiers, qui prévint le Prince et lui présenta le Demandeur; il en fut accueilli en faveur du nom qu'il portoit; ce Prince eut même la bonté de lui offrir une place dans son Régiment et lui promit de lui être utile auprès du Duc Léopold.

Parvenu de ce côté au but qu'il s'étoit proposé, il fit des recherches au Trésor des Chartres, dans les Archives de la Chambre des Comptes, et muni des pieces qu'il crut necessaires, il épia le moment que le Prince de Vaudémont seroit à Lunéville pour présenter sa Requête au Duc Léopold, sous le nom du Sieur François Forget, son Pere, comme Héritier bénéficiaire d'Anne de Bockenheim sa-Mere, fille de Rémacle et petite fille de Ladvin, de qui provenoient les Biens.

Cette Requête tendoit à être réïntegré dans la possession des Biens de ses Ancêtres Maternels elle fut reçue favorablement par la protection du Prince de Vaudémont et les démarches du Demandeur.

Par un premier Décret du Conseil du 30 Août 1711 la Requête fut renvoyée à la Chambre des Comptes pour y statuer contradictoirement avec M. le Procureur Général et les Fermiers du Domaine.

Sur les Assignations données en conséquence, le premier pas que fit M. le Procureur Général, fut d'opposer au Demandeur la prescription acquise en faveur du Souverain; il fallut retourner à lui et employer de nouveau la protection du Prince de Va démont.

Elle étoit nécessaire, car toute puissante qu'elle fut, elle ne laissa pas d'être contrebalancée par une autre, en faveur d'une personne en place, qui avoit formé le projet de réünir les Biens revendiqués à ceux qu'elle avoit déja dans le bailliage d'Allemagne.

Cependant le Demandeur réüssit; il obtint un nouveau Décret le 13 Maj 1712 qui releva son Pere du laps de tems et de la prescription acquise contre lui pendant la guerre.

Il se pourvut de nouveau à la Chambre des Comptes, sous le nom de son Pere; les Requêtes écrites de sa main sont produites au Procés; M. le Procureur Général fut assigné de même que les Fermiers du Domaine de Siersberg, et un nouveau Censitaire d'une partie des Biens revendiqués; il y eut appointement en droit prononcé.

Pendant l'indécision de l'Instance, les Sieurs et Demoiselles Dumont furent interpellés d'y intervenir, ou de céder leurs droits; ils préférerent le dernier parti.

Le 29 février 1712 ils en firent la cession autentique pour 600 liv. payables à leurs Créanciers; le Sieur Dumont, Pere, pour ses Mineurs, et se portant fort des Majeurs, accéda au Contrat qui fut passé sous le nom de Sieur Forget, Pere, par les raisons déduites ci-devant.

Le Demandeur a payé le prix de cette cession, d'un emprunt qu'il fit le 2 avril 1713 de la Demoiselle Dujard; sa promesse qu'il a retirée d'elle en la payant, est produite au Procès; alors il étoit deja aux droits de son Pere, par Acte sous seing privé du 14 mars précédent.

Dés le 27 janvier 1713 la Chambre des Comptes avoit rendu Arrét, par lequel le Sieur Forget, Pere, avoit été rétabli dans la propriété, possession et jouïssance des Biens ci-après détaillés.

1°. D'une Maison de Fief, située dans l'enceinte du Château de Siersberg e* des Jardins en dépendans; elle étoit en ruïne alors.

2°. Des Moulins de Vackmul, Heismul et Relling, et des deux Étangs qui en dépendoient, à la charge de tenir les Moulins en bon état, d'y faire à toujours les réparations à ses frais, et de laisser jouïr le Domaine de la moitié de leur produit.

3°. De l'Isle de Feckin, du Passage de Relling et Prairies en dépendant, a charge de passer, sans rétribution, les rentes du Domaine, de même que le Capitaine du Château de Siersberg, sa famille et tout ce qui seroit nécessaire pour son ménage.

4°. De la Mairie et Métairie de Buren, du Bois Homulgas, et du quart dans les Seigneuries de Kerprik-Heimestroff et d'Jtzbac, au contenu du partage du 27 juillet 1570.

Enfin, le Sieur Forget, qui fut condamné aux dépens envers le Fermier du Domaine et aux épices et coût de l'Arrét, obtint la restitution des fruits depuis le 30 août 1711 jour de premier Décret du Conseil à récupérer contre les Fermiers du Domaine, ausquels la jouïssance des mêmes Biens fut continuée jusqu'à la fin de leur Bail, à charge de leur indemnité par le Fermier Général, et de celle de celui-ci par le Domaine.

Les Défendeurs ne peuvent desconvenir, que pendant et avant cette Instance, le Demandeur avoit contracté differentes dettes pour parvenir au terme de cet Arrét, pour payer les avances et vacations de son Procureur, les épices et coût de l'Arrét; en un mot, tout ce qui avoit été nécessaire; ces faits sont justifiés au Procès.

Le 11 Février 1713 le Sieur Forget, Pere, et le Demandeur, se transporterent à Siersberg; ils étoient assistés d'un Huissier de la Chambre des Comptes, porteur de l'Arrét du 27 janvier précédent, qui mit en possession de tous les Biens. y énoncés, le Demandeur, du consentement et sous les yeux de son Pere, qui en signa le Procès-verbal; il est produit.

Le 14 Mars, le Sieur Forget, Pere, pour rendre justice à son Fils, le mettre en état de jouïr du fruit de ses démarches et accomplir la parole qu'il lui avoit donnée, lui passa un Acte, sous seing privé, portant cession de tous les droits que l'Arrét lui avoit ajugés à certaines conditions, et entre autres de payer 600 livres aux Sieurs et Demoiselle Dumont; c'est ce qu'il a effectué.

Le 5 Juin suivant, le Demandeur fut reçu par le Duc Léopold à lui faire foi et hommage pour raison des Biens énoncés dans l'Arrét; les Patentes qu'il en obtint sont produites, de même que l'Arrét de leur enregistrement à la Chambre des Comptes.

Jusques-là les choses avoient parues très-tranquiles, mais elles changerent bien-tôt de face.

Le Sieur Charles-Ferdinand de Bockenheim, Fils de Nicolas-Christophe, et Petit-fils de Philippe, l'un des Héritiers de Ladvin, duquel provenoient les Biens, fut bientôt après instruit de l'Arrêt de Révendication que le Sieur Forget Pere en avoit obtenu.'

Il se transporta de Mayence où il demeuroit, au Château de Vivier, pour requérir le Sieur Forget Pere de l'en repartager.

Le Demandeur qui fut instruit de cette demarche du Sieur de Bockenheim, écrivit au Sieur Forget, son Pere, la Lettre que les Adversaires ont produite, du 18 mai 1713 par laquelle il l'exhortoit de ne faire aucun accord avec lui, que puisqu'il lui avoit cédé ses droits, c'étoit à lui à terminer cette affaire.

En conséquence de cette Lettre, le Sieur Forget renvoya le Sieur de Bockenheim au Demandeur, qui parvint le 31 Mai 1713 à obtenir de lui un déport de toutes prétentions, à certaines restrictions.

Le Sieur de Bockenheim mécontent de ce premier arrangement, se rendit de nouveau à Vivier, y sollicita le Sieur Forget Pere de lui rendre justice; celui-ci mieux instruit que le Demandeur des droits du Sieur de Bockenheim, fit une nouvelle transaction avec lui le 6 Juin 1713.

Par cet Acte rédigé pardevant Tabellion, le Sieur Forget pere, au nom et stipulant pour le Demandeur son Fils, délivra six cent livres au Sieur de Bockenheim, au moyen de quoi il céda et transporta au Demandeur tous ses droits sur la Succession de ses Ancêtres, sans autre garantie que de ses faits et promesses; par là le Sieur Forget de Bouillon a acquis personnellement la moitié de tous les Biens adjugés par l'Arrêt de 1713 c'est ce qui sera cy-apres justifié.

A ce premier incident en succéda un autre; dès le 11 février de la même année 1713 M. François Laguerre, à cause de son Épouse, qu'il prétendoit être issue d'une Bockenheim, avoit fait assigner le Sieur Forget Pere, pardevant la Chambre des Comptes; pour voir déclarer commun avec lui l'Arrêt qu'il en avoit obtenu le 27 janvier précédent.

Sur cette demande, après l'exécution d'un Appointement dont le Sieur Forget de Bouillon fut seul chargé; et en fit seul tous les frais, la Chambre des Comptes rendit Arrêt le 25 juillet, qui débouta la Veuve Laguerre, avec laquelle l'Instance avoit été reprise, de la demande formée par son Mari, et la condamna aux dépens: ils n'ont jamais pû être récupérés, à cause de son insolvabilité.

Quelques jours avant cet Arrêt les Srs. Forget, Pere et Fils, s'étoient reconnus solidairement Débiteurs envers M. de Sarasin, d'une Somme de trois mille liv. qu'ils avoient empruntée pour payer, en partie, les frais des Procès soutenus à l'occasion des Biens dont il s'agit, indépendament de plusieurs autres qu'ils y avoient déja employées; le Contrat de Prêt est du 13 Juillet 1713. Il est au sac.

Le Demandeur qui fut instruit, que suivant les anciennes Ordonnances de Lorraine, les Actes translatifs de propriété devoient être rédigés pardevant Tabellion, en fit la remontrance à son Pere, qui la gouta.

Pour parer à cet inconvénient, le 5 Août 1713 le Sr. Forget Pere, par Contrat autentique, fit au Demandeur la vente, cession, et abandonnement de tous les Immeubles et Héritages provenans des Succession de Ladvin et Remacle de Bockenheim, ses Ayeul et Bisayeul, tant en qualité de leur Héritier, que comme ayant les Droits cédés et acquis de ses Cohéritiers, et généralement toutes les prétentions qu'il avoit et pourroit avoir esdits Biens, pour raison desquels il le subrogea dans les droits, nom, raisons, et actions qui lui appartenoient en vertu de l'Arrêt de la Chambre des Comptes du 27 Janvier précédent, et conformément à l'Acte de Vente sous seing privé du 14 Mars suivant, qui fut rendu à l'instant.

Cette vente fut faite à charge des Cens, Rentes, Droits et Devoirs Seigneuriaux, 1°. Pour la somme de six mille livres, dont l'Acquéreur retiendroit moitié à comptes de sa Dot de Mariage, et payeroit l'autre moitié à M. de Sarasin, pour extinction du Prêt qu'il en avoit fait, pour employer aux frais des poursuites faites par l'Acquéreur depuis trois ans, pour revendiquer les mêmes Immeubles et Héritages.

2°. En considération de cette vente, l'Acquéreur fit remise au Vendeur de tous les voyages, vacations et avances par lui faits au sujet des mêmes Biens, au delà de la somme de trois mille livres, prêtée par M. de Sarasin, et employés pour le même fait; cette remise faisoit constamment une augmentation dans le prix, qui le faisoit doubler au moins.

Dans le corps du Contrat, le Sieur Forget Père, Vendeur, avoit stipulé la garantie ordinaire des Biens compris dans la Vente; mais avant de le signer, il fit insérer que cette garantie n'auroit lieu que jusqu'à la concurrence des sommes qui avoient fait le prix de la vente, et des impenses et améliorations, en cas que l'Acquéreur en feroit.

Il est à propos d'observer que cette vente, qui comprenoit, la généralité des droits échus au Sieur Forget, et par lui acquis de ses Cohéritiers, ne tomboit pas sur ceux que le Demandeur avoit acquétés dès le 6 Juin précédent du Sieur Charles-Ferdinand de Bockenheim, lesquels consistoient en la moitié de son Chef et de celui des Sieurs et Demoiselles Dumont ses Cohéritiers; on établira cy-après en quoi consistoient ses droits personnels sur cette Succession.

Le Demandeur muni de ces deux Contrats d'Acquisition, se donna tous les mouvemens possibles pour rétablir les Biens et en tirer profit.

Il se fit rendre compte par le Fermier du Domaine de Siersberg, des fruits, à la restitution desquels il avoit été condamné.

Cette restitution lui produisit, pour quatre mois de l'année 1711, à compter du 30 Août, jour de la demande, cent soixante-treize livres quinze sous; pour l'année entière de 1712, huit cent neuf livres dix sous dix déniers; et pour les deux mois et demi de 1713, jusqu'au 14 Mars, date de la première vente de son Père, cent quatre livres trois sous quatre déniers, ce qui formoit une somme de mille quatre-vingt sept livres dix neuf sous deux déniers; les autres fruits échus depuis la vente, lui ont appartenu de son chef.

Il n'étoit guéres possible de se fixer un Établissement solide et utile sur les Biens adjugés par l'Arrêt de 1713: le Demandeur porta ses vues plus loin.

Le 12 Février 1715, il obtint du Duc Léopold, à titre d'Ascensement, les trois quarts des Hautes, Moyennes et Basses Justices de Kerprick-Heimestroff et d'Isbac, ensemble la moitié du produit des Moulins de Vackmul, Heismul et Relling, déchargé de toutes réparations; le surplus lui appartenoit en vertu de ses Acquisitions.

Le contrat lui en fut passé le premier Mars 1715, par la Chambre des Comptes, sous le Cens annuel de trois cent livres; il a été confirmé depuis l'Édit de réunion, par Arrêt du Conseil du 31 Mars 1730.

Le 27 Avril 1715, le Sieur Forget de Bouillon contracta Mariage avec Demoiselle Charlotte Cailloux, du consentement de ses Père et Mère, et de celui des Sieurs Gillot et Cailloux, ses Beaufréres, et de leurs Épouses, qui signérent au Contrat qui en fut dressé: les Frères du Demandeur étoient alors absens et mineurs.

Cet Acte, contient une nouvelle cession et abandonnement, et une confirmation, en tant que besoin seroit, de la vente faite à son profit, des Biens d'Allemagne, par Contrat autentique de l'année 1713.

Il contient de plus une décharge de payer les trois mille livres dues à M. de Sarasin, avec promesse de la part du Père de les payer lui-même, sans que son Fils puisse en être recherché en aucun tems.

La Dot du Demandeur, qui par le Contrat de 1712, avoit consisté en trois mille livres en déduction du prix de la Vente à lui faite, fut augmentée de trois cent livres pour des meubles ; personne n'ignore la faveur des Contrats de Mariage et de toutes leurs clauses ; sans ces stipulations celui du Demandeur eut échoué ; il doit donc avoir toute son exécution.

Cette décharge du payement des trois mille livres dues à M. de Sarasin, insérée dans le Contrat de Mariage du Demandeur, ne fut néanmoins qu'ostensive.

La veille de sa rédaction, le Sieur Forget Père avoit exigé de son Fils une contre-lettre, par laquelle en place des trois mille livres dues à M. de Sarasin, il s'étoit obligé de payer, à sa décharge, au Sieur Busselot de Delme, une somme de trois mille huit cent cinquante livres, qu'il lui devoit dès le 13 octobre 1706 à titre de Constitution.

Cette somme de 3850, liv. fut composée des 3000 liv. dues à M. de Sarasin, des six cent livres que son Père avoit délivré pour lui au Sieur de Bockenheim, le 6 juin 1713 et de deux cent cinquante livres qu'il avoit avancées dans les Procès soutenus à la Chambre des Comptes, pour raisons des Biens dont il s'agit.

L'existence de cette contre-lettre, qui est entre les mains des Défendeurs, et qu'ils refusent de representer, malgré la demande formée à cet égard, a été démontrée au Procès par cinq circostances auxquelles on ne peut se refuser ; pour abréger, on se dispensera de les répéter ici.

Le Demandeur, pour tirer profit des Biens dont il s'agit, voulut fixer son Établissement à Siersberg ; il fit réparer la Maison de Fief, située dans l'enceinte de ce Château ; peu de tems après, la toiture de cette Maison ayant été emportée par un ouragan, il fallut l'abandonner par raport à son mauvais état et à sa situation trop élevée ; le Demandeur fut contraint de faire construire une Maison à Kerprick-Heimestroff, où il acquit des terrains necessaires, en vertu d'un Décret du Conseil.

Il vendit pour quatre mille livres la Cense de Thionville, qui avoit fait partie de la Dot de son Épouse ; il fit des emprunts, tant pour se loger à Heimestroff, que pour réparer les Biens.

En 1716 il obtint des Graces du Souverain les droits de Troupeau à part et de Colombier, dans le lieu Buren, où il n'étoit que Seigneur Foncier : cette Concession fut entérinée à la Chambre des Comptes ; il fit bâtir dans la suite une Tuilerie, une Bergerie et un Colombier, au même lieu de Buren.

Il fit à Heimestroff un Logement pour un Fermier, pour un Berger, et un Marcaire.

Il a bâti dans la suite une Maison à Itzbac, pour loger un Maître et un Fermier ; il y a encore construit une Bergerie.

Il espéroit jouir tranquillement du fruit de tous ces travaux, mais il fut bien trompé dans son attente, par différens événemens desquels il est à propos de faire ici l'analise.

La Dame de Sombreüil, Créancière de la Succession de Ladvin de Bockenheim, par Contrat du 26 Juin 1622 dont la prescription avoit été interrompue à propos, l'actionna en déclaration d'hypotêque, au Bailliage d'Allemagne, et fit saisir des déniers qui lui appartenoient.

Cette affaire dévolue par Appel à la Cour, le Demandeur fut obligé de transiger avec cette Créancière, et par Contrat du 27 Janvier 1717 il fallut lui payer mille cinq cent quatre-vingt-cinq livres quatorze sous, à quoi elle réduisit ses prétentions, et il délivra en outre cinq cent quarante-six frans pour les dépens du Sieur de Haen tiers saisi : le Sieur Forget en avoit fait pour le double de son côté.

En 1723 le Sieur François de Bockenheim, Curé de Blange, le Sieur de Falaize, à cause de Dame Marguerite de Bockenheim, son Epouse, et Dame Anne-Marguerite de Bockenheim, Veuve du Sieur de Villaucour, à la représentation de

Louïs de Bockenheim, leur Pere, Fils de Remacle, et Petit-Fils de Ladvin, se pourvûrent au Duc Léopold.

Le 29 Juin ils obbtinrent Arrêt en son Conseil qui les releva, comme le Sieur Forget Père l'avoit été, du laps de tems et de la prescription, et le renvoya à la Chambre des Comptes, pour y faire déclarer commun avec eux l'Arrêt du 27 Janvier 1713.

Ils assignèrent à ces fins le Demandeur, pour leur donner partage, pour un quart, dans les Biens qu'il possedoit, provenans des Bockenheim, leurs Auteurs communs ; il leur fit face, mais dans le cours de l'Appointement qui fut prononcé, ayant reconnu qu'ils avoient droit, pour le quart, dans ces mêmes Biens, il les rechercha de faire avec lui un accomodement.

Il y parvint, sous la promesse qu'il leur fit de leur payer annuellement une Pension viagère de trois cent livres, jusqu'à la mort du dernier des trois ; et après avoir contesté pendant près de trois ans, et fourni des Écritures respectives, ils passèrent un Arrêt d'Appointé, qui fut reçu par la Chambre des Comptes, le 15 Avril 1726.

Dans cet Arrêt il ne fut pas fait mention de la réserve de la Pension, pour ne pas donner lieu à une nouvelle action de leur part, ou à celle de quelqu'autre Parent des Bockenheim ; cette Pension n'a pas moins existé, les Défendeurs en ont fourni la preuve dans une Quittance du Sieur de Falaize qu'ils ont produite : le Demandeur, depuis le décès du Sieur et Dames de Bockenheim, sans enfans, a négligé la Transaction qui créoit cette Pension, et les Quittances qu'il en avoit.

Ce n'étoit pas là les seules attaques auxquelles le Demandeur devoit être livré ; les Sieurs et Demoiselles Dumont, qu'au 29 Février 1712, avoient cédé leurs droits sur les Biens de la succession des Bockenheim pour 600 livres que le Demandeur leur avoit délivrées, revinrent à la charge contre lui : Munis de lettres de restitution, ils l'attaquèrent au Bailliage d'Allemagne pour les voir entériner.

Dans l'exécution de l'appointement prononcé sur cette Demande, ils fondoient leur principal moyen sur la minorité de la Demoiselle Françoise Dumont, lors de la cession et de la ratification qu'elle en avoit faite le 5 Avril 1712 ; le Demandeur crut devoir les diviser, et parvint à prix d'argent de transiger avec elle le 11 Janvier 1725 ; elle se déporta de toute prétention et action ; en conséquence de quoi il obtint Sentence le 23 du même mois, qui débouta les frères et sœurs de la Demoiselle Françoise Dumont de leur Demande, et compensa les dépens.

D'un autre côté, le Sieur Charles-Ferdinand de Bockenheim, qui, en 1713, avoit fait deux Actes de déport et de cession de ses droits sur les Successions de ses Ancêtres, se pourvut encore en lettres de restitution, et assigna le Demandeur au Bailliage d'Alemagne pour les voir entériner.

Après l'exécution d'un appointement, il obtint Sentence le 23 Février 1725, qui le déclara non-recevable et le condamna aux dépens ; le Demandeur a mieux aimé les perdre que de les aller répéter à Mayence.

Il essuya encore un autre crise en 1729, par l'Édit de réunion des Domaines ; mais par Arrêt du 31 Mai 1730, il a été confirmé dans la jouissance des parties qui en provenoient.

Il espéroit enfin, qu'après tant d'orages essuyés, parmi lesquels il pourroit compter plus de vingt autres Procès qu'il a soutenus à l'occasion de ces Biens, il pourroit en jouir tranquilement.

Il avoit d'autant plus lieu de s'y attendre, que ses frères et sœurs l'avoient continuellement vû dans l'agitation, qu'ils avoient souvent plaint son sort et qu'il n'avoit jamais paru leur porter envie.

La vente à lui faite par son Père, qui comme il a été dit, avoit été confir-mée en assemblée de famille, par son Contrat de Mariage, le fut encore par les partages que les Sieur et Dame Forget firent de tous leurs Biens entre leurs cinq enfans, lesquels acceptèrent les lots qu'il contenoient, et ratifièrent la vente des Biens d'Allemagne faite au profit du Demandeur.

Le Sieur Forget, Père, étant décédé en 1742, il fut dressé un inventaire des Biens qui composoient sa Succession et celle de la Dame Busselot, sa Veuve, qui en avoit fait démission au profit de tous ses enfans.

Dans cet Inventaire, qui fut l'ouvrage des Défendeurs, ils ne pensèrent pas de faire comprendre les Biens possédés par le Demandeur depuis 1713, par la raison, qu'ils avoient tous connoissance de la vente qui lui en avoit été faite; cependant ils se sont déterminés en 1745 de conclure incidemment contre lui au rapport de ces mêmes Biens, et de former différens autres chef de Demande, lesquels ont été discutés en exécutions des appointemens prononcés par la Cour.

Sur tous ces objets, le 7 Mars 1749, elle rendit Arrêt, par lequel, sans s'arrêter au Contrat du vente du 5 Août 1713, ni à l'Acte du partage du 22 Août 1725, elle a ordonné, que par le Demandeur, il seroit procédé au partage des Biens dépendans des Successions de Sieur François Forget de Barst et de Dame Catherine Busselot, Auteurs communs des Parties; à l'effet de quoi, elles rapporteroient respectivement, ou feroient état de ce qu'elles auroient reçu.

Que le Demandeur comprendroit dans le partage, les Biens énoncés audit Contrat de vente, et tous autres provenans de la ligne des Bockenheim, ensemble les fruits des mêmes Biens, depuis le décès du Sieur François Forget.

Qu'il y comprendroit pareillement, et de son consentement, le quart de la Seigneurie de Barst à lui vendue le 5 Août 1734, tous les effets mobilier que la Dame Busselot avoit au point de son décès, les 300 liv. qu'il avoit touchées en vertu de son Contrat de Mariage, et les sommes qu'il avoit perçues des Détenteurs ou Engagistes des Biens des Bockenheim.

La Cour a encore ordonné que le lot obvenu à Aubert Forget, décédé sans enfans, seroit repartagé entre tous ses Héritiers, suivant la Coûtume, et que M⁰ Jacques Grison percevroit son avenant, tant comme Héritier de son Fils, qu'en vertu de son Contrat de Mariage.

Elle a chargé les Co-héritiers du Demandeur de lui faire état, pour leurs parts et portions, de tous les frais qu'il justifieroit avoir faits, en voyages, séjours, Procès, ou autrement, pour récupérer les Biens des Bockenheim, de même que les sommes qu'il avoit délivrées, ou empruntées a ce sujet; à l'effet de quois les Parties entreroient en compte pardevant le Conseiller Rapporteur.

Qu'ils lui feroient état des impenses et améliorations des mêmes Biens, à dire d'Experts, convenus, ou nommés d'office, ensemble des frais-funéraires et de la maladie de la Mère commune.

Enfin que ses Co-héritiers lui rembourseroient, ou lui feroient état, pour chacun pour un quart, de la somme de neuf mille huit cent cinquante livres un sol six deniers, qu'il avoit payée pour le quart de Seigneurie de Barst, et sur le surplus des Demandes, les Parties ont été mises hors de Cour, en affirmant par le Demandeur qu'il avoit repartagé ses Père et Mère du produit de la laine, et du fond du Troupeau de Bêtes blanches, dont il avoit joui, dépens compensés; les Épices et coût de l'Arrêt à prendre sur la succession.

Le 4 du même mois, sur la Requête des Défendeurs, cet Arrêt qui chargeoit mal-à-propos le Sieur Forget de Bouillon de la confection des partages ordonnés, fut corrigé par défaut, et le Sieur Gillot, comme représentant l'aîné des Héritiers fut condamné à les faire.

D'un autre côté le Demandeur qui a entrevu sa ruïne et celle de sa famille nombreuse, dans l'exécution de l'Arrêt du 7 Mars 1749, en ce que n'ayant pas tenu des Mémoires de tous les voyages et séjours qu'il avoit fait pour recouvrer les Biens des Bockenheim, non-plus que des frais de Procès, de Bâtimens et autres; persuadé d'ailleurs, que ses Co-héritiers lui contesteroient tous les articles de la déclaration qu'il en auroit fournie, et que sur chacun d'iceux il y auroit un nouveau Procès à soutenir, a fait consulter ses droits par six anciens Avocats; il a été instruit que la Cour, par son Arrêt, étoit contrevenue à la disposition textuelle de la Coûtume, en cinq points, qui lui fournissent autant de moyens pour le faire casser.

Il a appris de plus, que la Cour etoit tombé dans deux contrariétés formelles sur les mêmes objets et entre les mêmes parties; qu'elle avoit prononcé la nullité des partages de 1725, quoique la Demande n'en ait pas été reçue et qu'il n'y ait eu aucun réglement donné sur cet objet, ce qui lui fournissoit trois moyens de Requête Civile, qui se convertissoient en autant de moyens de cassation; il a eu l'honneur de se pourvoir à SA MAJESTÉ pour la faire prononcer.

La communication de sa Requête a été ordonnée par Arrêt du Conseil, du 29 du même mois de Mars; le premier réglement a été prononcé le 30 Avril suivant; et un second en reprise d'Instance, le 26 Mars 1751, et sur la demande en représentation d'une liasse de trente pièces, cottée N, N, N, dans l'Inventaire du 26 juin 1742, les Parties ont été appointées en droit et joint à l'appointement principal.

Monsieur LE FEBVRE, rapporteur
Mᵉ JEANROY, Avocat au Conseil.

Dé nouveaux renseignements sur la branche des Forget de Barst de Bouillon nous étant parvenus pendant le tirage, nous les réunissons dans le tableau généalogique reproduit ci-après.

Il ont été recueillis par M^r l'archiviste de la ville de Metz dans les actes de l'état-civil de la période révolutionnaire et du commencement du siécle.

Descendants de la ligne des Forget de Barst de Bouillon.

JEAN FRANÇOIS FORGET DE BARST DE BOUILLON,
seigneur de Kerprich-Hemmerstroff et autres lieux, lieutenant général des camps et armées du roi,
marié à FRANÇOISE WOLKRING, décédée à Metz le 15 janvier 1832 (1ᵉ Sᵉᶜ).

HENRI-GUILLAUME FORGET DE BARST DE BOUILLON, ancien officier de chevaux-légers, résidant à Reling (Saarlouis), rentier, né à Hemmerstroff le 5 juin 1767, marié le 18 juin 1793 à Metz (4ᵉ Sᵉᶜ) avec ELISABETH-CÉCILE MASSIN, décédée à Metz le 29 décembre 1843 (3ᵉ Sᵉᶜ) née à Gorze le 13 juin 1763, fille de Charles François Massin, homme de loi (avocat) et de Marie-Françoise Dessantie à Metz.	CATHÉRINE-ÉMILIE née à Thionville le 29 mai 1768, morte à Reimling le 19 mai 1827. Épouse, à Itzbach le 14 mai 1801, JACQUES PIGNOT, mort, le 16 mai 1832, à Reimling	CHARLES-ELOY-FERDINAND FORGET, chevalier de BARST, officier au rég.ᵗ de Nassau infanterie, né le 31 décembre 1771 à Kerprich-Hemmerstroff, marié le 15 septembre 1791 à Metz (1ᵉ Sᵉᶜ) avec ANNE-MARIE GACHER, 23 ans, de Thionville fille de Charles Gacher, procureur fiscal de la terre d'Inglange et huissier au tribunal de Thionville, et de Marie Caillot, son épouse ; morte au passage de la Bérézina en novembre 1812.

JEAN-FRANÇOIS, né le 3 floréal an II, à Metz ;	MARIE-FRANÇOISE-ÉLÉONORE, née le 10 ventôse an IV, à Metz, y décédée le 22 mai 1830, célibataire	MARIE-FRANÇOIS-FERDINAND, né le 25 vendémiaire an VI, à Metz, décédé à Arras le 21 août 1825, sergent au 1ᵉʳ rég.ᵗ du génie	MARIE-JACQUES-AUGUSTE, né le 21 ventôse an VII, à Metz, y décédé le 24 ventôse suivant.	Cinq enfants	MARIE-ANTOI-NETTE ÉLÉONORE née en 1792, mariée à Odessa le 15 mars 1806, à JOSEPH PIERRUGUES ; morts tous les deux au passage de la Bérézina en 1812.	N. . . née vers 1797, morte à la Bérézina.	APOLLON, né vers 1800, mort en mer avec son père en 1826.

TABLE

des noms de familles contenus dans l'ouvrage

TABLE DES MATIÈRES

ERRATA ET OMISSIONS

Il était sans doute impossible que, dans un ouvrage de cette nature, composé par des typographes étrangers à la langue et sans le concours d'un correcteur français, quelques fautes n'échappassent point à la correction.

Nous en indiquons les principales; quant à celles qu'il pourrait y avoir dans l'accentuation ou que l'intelligence de la ponctuation peut rendre évidentes, nous comptons sur le bon sens et l'indulgence du lecteur.

Page 12, ligne 6; lire: *rendus*, au lieu de: rendu.
» 15 » 1 de la note 1; lire: *de Bockenheim*, au lieu de: Bockenheim.
» 16 » 8 de la note; lire: *possédés*, ou lieu de: posésdés.
» id. » 1 de la note 1; lire: *ce ns fut que quatre vingts ans* etc.
» 17 » 4 de la note 1; lire *ancre*, au lieu de: encre.
» 18 » 3; lire: *Gaspard*, au lieu de: Gaspald.
» 19 » 9 de la note 3; lire: *donné*, au lieu de: donnée.
» 20 » 10 de la note 2; lire *des uns aux autres*, au lieu de: les uns etc.
» 21 » 25; lire: *Baptiste*, au lieu de: Batiste.
» id. » avant dernière; lire: *Maxéville*, au lieu de: Moxeville.
» 22 » 18; lire: *Bouzonville*, au lieu de: Bounzoville.
» 25 » 11; lire: *Mestre de Camp*, au lieu de: mestre du camp.
» 26 » 12; lire: *il épousa, à Metz le 15 sept. 1791, Anne-Marie Gacher, fille de Charles Gacher, procureur fiscal de la terre d'Inglange et de Marie Caillet*, au lieu de: il avait épousé en émigration une française dont le nom est resté inconnu.
» 28 » 3 de la note; lire: *Charles VI*, au lieu de Charles IV.
» 29 » note 1; la note rélative au recensement de 1771, a été, par erreur, réunie à l'article concernant la famille Reboucher.
» 32 » 6; lire: *5 septembre 1814*, au lieu de: 5 sept. 1815.
» id. » 23; lire: *Mardorf* (diocèse de Mayence), au lieu de: Marbourg.
» id. » 6 de la note; lire: *de Cossu de Pulligny*, au lieu de: de Cossu, de Palligny.
» id. » 16; ajouter la date: *21 brumaire an XIII* (12 nov. 1804).
» id. » 19; après « des Trois Evêches » ajouter: *puis Inspecteur général des Maréchaussées de France*.
» 33 » 4 de la note; lire: *de Despence de Pomblain*, au lieu de: de Despence, de Plombain.
» 34 » 1; lire: *Knopff, d'Eschentzwiller*, au lieu de: Knopff d'Eschentzwillers.
» id. » 11; lire: *le 30 Avril 1863*, au lieu de: Avril 1863.
» 36 » 8; lire: *mort*, au lieu de: morte.
» id. » 15; lire: *appelé*, au lieu de: appellé.
» 42 » 3 de la note; lire: *XVIIe siècle*, au lieu de: XVII Siècle.
» 44 Tableau généalogique; IIIe génération: François-Nicolas; lire: 1662 + 1742, au lieu de: 1642 + 1742.

www.ingramcontent.com/pod-product-compliance
Lightning Source LLC
Chambersburg PA
CBHW052100270326

41931CB00012B/2828

NOBLESSE POUR JEAN FORGET

Extrait des minutes déposées
aux Archives de la Préfecture du département de Meurthe-et-Moselle

Du 24 Août 1630

CHARLES, par la grâce de Dieu, duc de Lorraine, marchis, duc de Calabre, Bar, Gueldres, marquis du Pont à Mousson et de Nommeny, comte de Provence, Vaudémont, Blâmont, Zutphen, etc. A tous qui ces présentes verront, salut. Nous avons tousjours esté bien affectionnez et désireux d'avancer au haut degré de noblesse et d'honneur, comme il est convenable, les personnes éminentes en vertu et doctrine, tant pour décemment les en rémunérer que pour les rendre plus promptz et soigneux à continuer et accroistre leur vertu, qui mérite de soy tout los honneur et faveur insigne, pour estre non seulement la vraye source de noblesse, mais aussi sa guide et conservation. A ces causes, ayans mis en considération l'entière rectitude, honnesteté, probité de vie et autres vertus insignes qui reluisent en la personne de nostre cher et bien amé JEAN FORGET, natif de noz païs, docteur en médecine, comme aussy son érudition et doctrine complette, dont il s'est rendu très-recommandable, et notamment de l'affection très-grande qu'il a à nostre service; c'est pourquoy, estant raisonnable qu'il se ressente de nos grâces et faveurs, afin que luy, sa postérité et lignée soient à jamais illustrez de privilèges, prééminences et prérogatives condignes à ses vertueuses actions qu'il a tousjours fait paroistre, Pour ces causes et autres justes considerations à ce nous mouvans, iceluy JEAN FORGET, ensemble ses enfans, postérité et lignée, soient masles ou femelles, naiz et à naistre en loial mariage, et chacun d'eux, avons, par les présentes, de nostre certaine science, pleine puissance et auctorité souveraine, annobly et annoblissons, décoré et décorons du tiltre, honneur, lustre, ordre, rang et qualité de noblesse, pour doresnavant en jouyr par luy et sadite génération masculine et féminine, procrée en loyal mariage; voulons qu'en tous leurs négoces, affaires, actz, et en tous lieux et endroictz, en jugement et dehors, ilz soient tenuz et réputez pour nobles, puissent atteindre, prendre et recevoir et accepter tous honneurs, prérogatives et prééminences qu'ont accoustumé d'atteindre, prendre, recevoir et accepter, et dont jouyssent et usent gens nobles et extraictz de noble lignée et race, et, comme telz, puissent acquérir et posséder tous fiefz, terres, possessions et héritages nobles, de quelque auctorité qu'ilz soient, qu'ilz ont jà acquis et pourront cy après acquérir, et qui leur sont escheuz et pourront cy après escheoir, advenir, compéter et appartenir, et en jouyr et user, ordonner et disposer tout ainsi que ceux qui sont extraictz de race anciennement noble, et avec ce puissent acquérir le tiltre de chevalerie. Cependant, pour marque et signal de noblesse, avons audit JEAN FORGET et à saditte lignée baillé et baillons, par les mesmes présentes, pouvoir et auctorité d'avoir et porter les armoiries cy figurées pourtraictes et blasonnées, que leur avons octroyées,